SPEAKER Talent

CONEXÕES PARA *sua carreira* DECOLAR NA ERA DIGITAL

COORDENAÇÃO EDITORIAL
Cláudia Santana

© LITERARE BOOKS INTERNATIONAL LTDA, 2021.
Todos os direitos desta edição são reservados à Literare Books International Ltda.

PRESIDENTE
Mauricio Sita

VICE-PRESIDENTE
Alessandra Ksenhuck

DIRETORA EXECUTIVA
Julyana Rosa

DIRETORA DE PROJETOS
Gleide Santos

RELACIONAMENTO COM O CLIENTE
Claudia Pires

EDITOR
Enrico Giglio de Oliveira

REVISÃO
Rodrigo Rainho e Ivani Rezende

CAPA
Victor Prado

DESIGNER EDITORIAL
Victor Prado

IMPRESSÃO
Gráfica Paym

Dados Internacionais de Catalogação na Publicação (CIP)
(eDOC BRASIL, Belo Horizonte/MG)

S741   Speaker talent / Coordenadora Cláudia Santana. – São Paulo, SP:
Literare Books International, 2021.
128 p. : 14 x 21 cm

Inclui bibliografia
ISBN 978-65-5922-091-5

1. Comunicação. 2. Sucesso nos negócios. 3. Era digital.
I.Santana, Cláudia. II. Título.

CDD 301.243

Elaborado por Maurício Amormino Júnior – CRB6/2422

LITERARE BOOKS INTERNATIONAL LTDA.
Rua Antônio Augusto Covello, 472
Vila Mariana — São Paulo, SP. CEP 01550-060
+55 11 2659-0968 | www.literarebooks.com.br
contato@literarebooks.com.br

SUMÁRIO

7   INTRODUÇÃO
Cláudia Santana

11   PREFÁCIO
Alexandre Garrett

13   *MINDSET* DE *STARTUP*
Alessandra Ferreira de Andrade

21   EQUILÍBRIO NO CAOS, O SEGREDO PARA NÃO ADOECER
Aline Morandi

29   AS PEGADAS DO SUCESSO
Elis Busanello

39   OS BASTIDORES DA TRANSFORMAÇÃO
Lavyne Khun Yin

47   RECALCULE A ROTA... RUMO À MARTE
Leila Navarro

55   NEUROPRODUTIVIDADE FUNCIONAL
Lu Cardoso

63   "REALIZADORISMO": A MAGIA DE FAZER ACONTECER!
Marcio Zeppelini

71   CONFLITO ZERO
Marivel Duncan

81	EMPREENDEDOR ZERO **Nando Gaspar**
91	ENERGIA COCRIATIVA, A FORÇA INVISÍVEL QUE MUDA A REALIDADE **Sonia Prota**
101	COMO DESENVOLVER UMA MENTALIDADE EMPREENDEDORA? **Tânia Sobral Benegas**
109	LIDERANÇA INTEGRATIVA: O LADO HUMANO DOS NEGÓCIOS **Tânia Telles**
117	INOVAÇÃO NÃO É TECNOLOGIA, É MENTALIDADE **Tatiana Cafre**
125	POSFÁCIO **Humberto Casagrande**

INTRODUÇÃO

Conexões e o espírito de uma nova era

Já reparou que as coisas mais elevadas se multiplicam quando são compartilhadas? Se tenho um conhecimento, não o perco quando o transmito a você. Também é assim com a experiência. Podemos dar até a última gota que jamais ficaremos sem. Pelo contrário: quanto mais partilhamos, mais somamos à nossa própria vida e a tornamos rica de sentido.

Leila Navarro sabe o que isso significa na prática. Depois de mais de 21 anos de uma premiada carreira como palestrante no Brasil e no exterior, sentiu necessidade de transbordar tanta experiência acumulada. Reuniu um grupo muito especial para transmitir o seu legado mais profundo.

A proposta era que esses palestrantes não só dominassem as habilidades necessárias para serem grandes comunicadores, mas, principalmente, que mantivessem acesa a paixão de divulgar ideias capazes de transformar a vida das pessoas.

Esse é o DNA do *Speaker Talent* Brasil, uma verdadeira *collab* de ideias, chaves e conexões que nos ajudam a entender o presente e acelerar rumo à era digital.

Este livro reúne o universo particular de 13 palestrantes. São 13 vivências com propostas distintas, 13 novas perspectivas para que possamos compreender melhor o presente e decolarmos agora rumo ao futuro.

Estamos vivenciando profundas modificações no trabalho e na forma como nos relacionamos. Novas janelas se abrem a nossa frente a cada segundo, gerando conexões e infinitas possibilidades.

Nesse universo digital gigantesco, sozinhos somos apenas uma célula, mas, em comunidade, ganhamos força, velocidade, agilidade, visibilidade. Multiplicamos nossas mentes e braços, ganhamos energia para chegar até Marte se assim desejarmos!

O século 21 está sendo forjado pela tecnologia, mas na visão do *Speaker Talent* Brasil, a tônica do milênio se dará no compartilhamento. A ponte para esse novo tempo é forjada a partir do coletivo.

Fazemos parte de um grupo que acredita em um mundo novo e mais humano, no qual vencer não é chegar em primeiro lugar, mas sim dar o seu melhor para ajudar todos a chegarem ao topo.

E foi assim que chegamos até aqui. Seguimos esses preceitos e estabelecemos conexões preciosas!

Agradecemos aos palestrantes que se entregaram de corpo e alma ao nosso projeto e, também, aos nossos queridos apoiadores:

- Humberto Casagrande – CEO do CIEE (Centro de Integração Empresa-Escola);
- Alessandra Ferreira de Andrade – gestora do FAAP Business HUB e vice-presidente de Relações com a Juventude e Inovação da Associação Comercial de São Paulo;
- Nando Gaspar – coordenador do FJE;
- Liliane Padua – *owner* do IZi Speakers Bureau;
- Cristina Santiago – *owner* do IZi Speakers Bureau;
- David Fadel – CEO da Fadel Palestrantes;
- Claudio Diogo – palestrante, especialista em vendas e proprietário da Tekoare.
- Alexandre Garrett – jornalista, CEO e diretor de conteúdo no Portal do Garrett;
- Edilson Lopes – fundador do Grupo K.L.A. Educação Empresarial;
- Luciano Pires – palestrante, escritor e *podcaster*;
- Tatyane Sales – palestrante e especialista em gestão de projetos;
- Jaques Grinberg – consultor de empresas e palestrante especializado em *coaching* de vendas;
- Bob Floriano – apresentador e especialista em comunicação;
- Thais de Campos – Atriz e diretora
- Maurício Louzada – palestrante;
- Maciel Silva – ator, humorista e escritor;
- Reinaldo Passadori – CEO da Passadori Comunicação Liderança e Negociação;
- Marcelo Marrom – artista e palestrante;
- Ivan Moré – jornalista, apresentador, repórter, *podcaster*, empreendedor e palestrante;
- Pedro Bontorim – criador de conteúdo;
- Luciano Pires – palestrante e criador do Café Brasil;

- Mi Cardoso – *personal stylist*;
- Patrícia Caetano – fonoaudióloga;
- Einat Falbel – diretora e atriz;
- Mauricio Hitai – CEO da ThinkUp;
- Edna Barbosa – diretora financeira;
- Luísa Santana Barros – coordenadora de conteúdo; e
- Maurício Sita – presidente da Literare Books International.

A todos vocês, o nosso carinho e gratidão por todo apoio e incentivo.

E a você, leitor, esperamos que essa obra o inspire a fazer conexões pautadas no espírito do *Speaker Talent* Brasil: em vez de competição, colaboração! Claro, sempre com muito humor e leveza. Divirta-se nessa jornada e boa leitura!

Cláudia Santana
Jornalista e gestora do Speaker Talent Brasil
claudia@speakertalent.com.br
www.speakertalent.com.br

PREFÁCIO

Mentoria é uma forma de doação

O ato de mentorear alguém é uma forma de doação pessoal para com o outro. Fazemos da nossa paixão e aprendizado algo a ser vivenciado e captado pelo outro. Leila Navarro, com seus mais de 20 anos de estrada no mundo de palestras, *workshops*, seminários e muitas trocas entre pessoas e diferentes culturas, abriu-se a esta experiência encantadora.

Neste livro, seu novo grupo de mentorados faz o livre exercício da escrita e mostra seus aprendizados de vida e de carreira. São vivências únicas, pois cada um guarda o melhor de si no convívio com os outros. As trocas de conhecimento, a pesquisa, os desafios de expressar sentimentos e conhecimentos nem sempre são fáceis. O mais importante é sempre a tentativa de observar o outro e de nele se reconhecer mais humano e melhor preparado para dividir suas expectativas de crescimento pessoal e profissional.

Leila Navarro não é somente uma excelente palestrante e exemplar motivadora de pessoas. Ela é uma mulher que nos inspira a nos questionar, a nos desafiar e aprender cada vez mais com a vida. Sua trajetória não foi fácil, como não é também dos colegas seus, que decidiram compartilhar sua vida e suas histórias com os outros. Mas isso é o que dá mais credibilidade e habilidades de comunicação a essa encantadora, batalhadora e insuperável palestrante e representante da terapia do riso no mundo. O que aprendemos com ela é que o riso nos aproxima, nos relaxa e nos permite liberar a criatividade para viver melhor e mais feliz neste mundo complexo e conturbado.

Parabéns a todos que estão presentes neste livro e que sabem que esta é apenas mais uma etapa do tortuoso caminho do aprendizado da vida.

É apenas mais uma etapa para novos desafios. Que venha a alegria da vida e que ela seja plena e risonha!

Alexandre Garrett
Doutor em Ciência da Informação, jornalista,
CEO e diretor de conteúdo no Portal do Garrett.

1

MINDSET DE *STARTUP*

As *startups* revolucionaram diversos mercados, mudaram a forma como fazíamos coisas cotidianas, como ouvir música ou pegar um táxi. Nem todos os negócios que estão começando agora podem ser classificados como *startups*, mas podemos aprender a forma como esses empreendedores pensam e usar isso nos nossos negócios e nas nossas vidas pessoais, aplicando os 7 Pilares do *Mindset* de *Startup*.

ALESSANDRA FERREIRA
DE ANDRADE

Alessandra Ferreira de Andrade

Formada em Administração com habilitação em Comércio Exterior pelo Mackenzie; MBA em Gestão de Mercado de Luxo pela FAAP. Possui especializações em: Educação Empreendedora pela Babson School, Liderança e Governança Corporativa pela London School of Economics, Estratégia de Inovação Disruptiva por Harvard e Pós-MBA em Formação Avançada para Conselhos de Administração (ABPW) pela Saint Paul Escola de Negócios. Está à frente da área de empreendedorismo e inovação na FAAP, é gestora do FAAP Business HUB e vice-presidente de Relações com a Juventude e Inovação da Associação Comercial de São Paulo, onde também preside o Conselho de Inovação – CONIN. É apresentadora da Web Série S.O.S. Empreendedores. Já mentorou e acelerou centenas de *startups* e empresas, e motivou milhares de empreendedores a atingir todo o seu potencial de realização.

Contatos
www.aleandrade.com.br
ale@aleandrade.com.br
11 98877-2719

Realizar. Neste mundo tão complexo, sair da ansiedade, da inércia paralisante e fazer são as chaves para conquistar seus objetivos. Fazer do jeito que dá, fazer com o que você tem à mão, fazer mesmo que não seja perfeito. Mas, ainda assim, fazer com foco, com objetividade, com propósito.

O Google, antes de ser a potência que é hoje, começou numa simples garagem, com os recursos que tinha, do jeito que dava. Essa é a essência do *Mindset* de *Startup*. E para pensar e agir como esses empreendedores inovadores, você não precisa necessariamente ter uma *startup*. Você pode aprender os 7 Pilares do *Mindset* de *Startup* e aplicar no seu negócio, no seu trabalho e na sua vida pessoal.

Mas antes de prosseguir e apresentar os pilares, acredito que seja importante entendermos esses conceitos de *mindset* e *startup*. Essa é a chave para sintonizar sua mente e ação em benefício das suas realizações.

Mindset, em tradução livre para o português, seria estado de espírito, mentalidade. Eu entendo que é muito mais do que isso. É o padrão único e pessoal, com o qual conectamos nossas emoções e ações aos fatos do cotidiano. É o prisma pelo qual enxergamos o mundo ou nosso filtro interno.

Carol Dweck, no livro *Mindset, a nova psicologia do sucesso*, afirma que a opinião que você adota a respeito de si mesmo afeta a maneira pela qual leva a sua vida. E por esse motivo, se o filtro interno estiver mal calibrado, uma pessoa pode, por exemplo, deixar de agir, por conta do pessimismo ou do excesso de autocrítica, ou ainda, se colocar em risco por um excesso de autoconfiança.

Mais do que cuidar de nossa saúde mental, pessoas em cargos de liderança precisam estar atentas ao *mindset* de todos os integrantes do grupo, pois trabalhando os conceitos certos, mais do que motivar os outros a obterem mais resultados, podem influenciar toda a cultura corporativa.

E *startup*? Existe uma confusão enorme a respeito desse conceito. Hoje, todo mundo que resolve empreender diz que abriu uma *startup*, sua vizinha começa a fazer brigadeiros *gourmet* e entregar pelo Rappi e já vai logo dizendo que aderiu a esse mundo. Calma lá! Todas as iniciativas empreendedoras são importantes e as valorizo muito, mas para se classificar como *startup* é preciso que existam certas características. Segundo Steve Blank, *startup* é uma organização temporária, buscada para projetar um novo modelo de negócios repetível e escalonável. Sintetizando numa frase fica complexo, mas não é tanto. Uma das chaves do conceito é entender que *startup* tem prazo de validade. Ela existe enquanto está sendo criada, enquanto estão desenvolvendo um novo formato de se entregar algo e ser remunerado por isso. O Facebook, por exemplo, quando nasceu a ideia de se criar uma rede social em que as pessoas pudessem postar seu perfil e dividir seu cotidiano com o grupo de amigos sem pagar nada por isso, foi necessário criar também uma forma de remuneração que arcasse com os investimentos e com a operação. Depois que esse modelo foi testado e se mostrou viável, o Facebook deixou de ser uma *startup* e passou a ser uma grande corporação que comercializa nossos dados compartilhados com anunciantes, governos e outras instituições.

Mais do que criar outra forma de ganhar dinheiro, a *startup* precisa ter um resultado desproporcionalmente grande, pelo menos dez vezes maior do que uma empresa convencional. São construídas com base nas tecnologias da informação, que desmaterializam o que antes era da natureza física e o transfere para o mundo digital sob demanda. Um bom exemplo é pensarmos no mercado de música, que se transformou completamente. Se antes precisávamos de um objeto físico chamado LP, que precisava de outro objeto físico, a vitrola, para ser reproduzido, hoje temos um arquivo na nuvem que pode ser reproduzido em qualquer dispositivo. É aí que entra o repetível e escalonável, pois se no passado para ter 1 milhão de ouvintes eu precisava gravar, fabricar, distribuir e vender 1 milhão de LPs, hoje preciso de apenas um arquivo disponibilizado na nuvem e a quantidade de pessoas que a acessam impacta minimamente no meu custo. Por esse motivo que, quando falamos de *startup*, estamos sempre falando de produtos digitais.

O importante aqui é enfatizar que, por trás desses negócios inovadores e tecnológicos, sempre existiram pessoas diferenciadas que pensaram de forma a mudar todo um mercado. Desafiaram o *status quo*, acreditaram em suas visões e, mesmo sem terem as condições adequadas ou o apoio necessário, realizaram o que outros acharam que era impossível, porque desenvolveram uma forma de pensar que era completamente diferente da forma convencional.

E esse *mindset* pode e deve ser adotado por você hoje mesmo, moldando seus pensamentos para direcionar as ações na sua empresa, na sua carreira e até na sua vida. Não é necessário ter uma *startup*, mas é fundamental que você pense e aja como os fundadores de *startups* e desenvolva esses 7 pilares.

Foque na dor

As pessoas ou empresas não consomem simplesmente produtos e serviços. Elas consomem soluções para os seus problemas. Muitos empreendedores se apaixonam tanto pela solução criada que se esquecem do cliente.

Para criar um bom produto, você precisa identificar a dor do seu cliente, se colocar no lugar dele e criar empatia para oferecer a solução adequada. Mais do que isso, vários clientes (pessoas ou empresas) precisam ter esse mesmo problema, pois você precisa identificar um mercado.

Sempre que pensar em algo novo, pergunte: que problema resolve?

Aprenda fazendo

Mais do que isso, faça aprendendo. Essa é a base do *Design Thinking*, metodologia usada para desenvolver ideias e produtos. Hoje, não é mais necessário estar com tudo pronto para lançar; pelo contrário, quanto antes trouxer o cliente para usar seu produto e serviço, mais *inputs* consegue trazer das necessidades dele e melhorar a usabilidade.

Nada substitui a prática. No mundo das *startups*, usamos protótipos e testamos o tempo inteiro. E você precisa testar suas ideias também. Quanto mais pessoas participarem e colaborarem, melhor e mais forte ela será.

Erre rápido e erre barato

Testar seu produto ou serviço antes que esteja finalizado evita grandes prejuízos. Essa estratégia de prototipar, testar e validar é fantástica, pois desenvolverá seu negócio aos poucos. Degrau por degrau. E se algo der errado, retorna ao degrau anterior e não à base da escada. Antigamente, isso era malvisto, você precisava estar pronto para ir ao mercado. Mas as *startups* já fizeram o favor de mudar essa mentalidade e até trouxeram certo requinte com nomes bonitos e pomposos para esses rascunhos, como MVP (Mínimo Produto Viável) e Versão Beta, para casos de sistemas e *softwares*.

Testar faz parte do *Mindset* de *Startup*, e já pratico isso há muitos anos. Tanto é que as pessoas sempre se assustam quando solto a frase: "Eu não erro nunca... Às vezes só demoro mais para acertar". E essa "filosofia de vida" dá liberdade para ousar um pouco mais, e isso, com certeza, leva a resultados espetaculares. E posso afirmar: se você não está errando, dificilmente está inovando.

O erro é parte do processo, não o fim dele. E é necessário. Encontrar uma resposta certa não traz a certeza de que essa é a melhor resposta. É necessário sair da zona de conforto, ousar mais para acertar mais e melhor, mesmo que o processo seja mais difícil.

Aja

Essa é a essência de tudo. Se a ação vai levá-lo a um aprendizado e você deixa de estigmatizar o fracasso, agir passa a ser a essência desse *mindset*. Como entender e conhecer seu cliente se não propiciar uma experiência verdadeira para ele testar e opinar? Não dá para definir taxas de sucesso com projeções no *Excel*. Muitas vezes, o desempenho de algo na vida é completamente diferente do simulado ou projetado.

Uma ressalva é importante. Eu estou falando para ter atitude, agir. Não estou falando para você agir sem pensar. Num mundo de incertezas como o que vivemos hoje, precisamos projetar cenários, mesmo com poucas informações. E dentro desses cenários, identificar quais são os sinais que indicam que o projetado está sendo desenvolvido e quais os alertas que indicam riscos e quais riscos podemos ou não nos expor (risco de mercado, risco de cliente, risco de produto).

Se esperarmos as condições ideais, podem nunca acontecer, e perderemos grandes oportunidades de realização. Tenha em mente que, muitas vezes, o feito é melhor do que o bem-feito.

Use *frameworks*

Você já teve a sensação de falar sobre algo genial e a pessoa para quem está falando ficar olhando com aquela cara de quem não entendeu nada? Isso acontece porque, na maioria das vezes, nossos raciocínios não são lineares, estão carregados com os nossos repertórios pessoais; nem sempre são lógicos ou óbvios para os demais.

Em *startups*, usamos diversos *frameworks*. *Frameworks* nada mais são do que modelos estruturados para trazer lógica para ideias, negócios, pesquisas, fluxos, apresentações. Também costumamos chamar isso de ferramentas, e as mais conhecidas são Canvas, Mapa de Empatia, *Pitchdeck*.

Eu uso e abuso do Canvas, tão versátil que pode usá-lo tanto para a proposta inicial, modelar um negócio, quanto para modelar sua carreira, um projeto específico e até o seu relacionamento amoroso.

Abuse das ferramentas que trazem lógica e organização para as informações, com elas poderá melhorar, e muito, a sua comunicação.

Seja CEO

CEO é a sigla em inglês para *Chief Executive Officer*, em tradução bem livre, o chefe do escritório executivo, isso quer dizer o presidente da organização.

Startup tem disso, os fundadores são todos C alguma coisa. Se tiver três sócios e nenhum funcionário, um vai ser o CEO, o outro vai ser o CMO (de marketing) e o terceiro o CFO (de finanças).

Sim, concordo, é muito cacique para pouco índio, como se diria no ditado. Mas trago isso aqui porque os empreendedores de *startup* se valorizam, se empoderam. E, muitas vezes, essa autoconfiança passa ao cliente maior segurança na hora de fechar um negócio.

Ser empoderado, autoconfiante, se comunicar bem, ter uma boa imagem pessoal, abrirá oportunidades não só para sua empresa, mas vai contribuir para alcançar seus objetivos individuais, relacionados a sua vida profissional ou pessoal.

Adote o *lifelong learning*

Sabe aquela receitinha básica da formação? Terminar o ensino médio, fazer faculdade e quem sabe uma pós-graduação? Esqueça! Essa fórmula não funciona mais.

Ah, ouvi dizer que para você entrar no Google não precisa de diploma. Verdade. Mas uma grande besteira, porque você continua precisando de conhecimento.

Quando digo que essa fórmula não funciona mais, não estou dizendo que não é mais necessária. Acredito que a educação formal vai continuar sendo reconhecida e valorizada por muito tempo ainda.

Quando digo que essa fórmula não funciona mais, estou afirmando que não é mais suficiente. O conhecimento hoje é muito dinâmico, fica obsoleto rapidamente. Precisamos atualizar constantemente nosso conhecimento, para mantê-lo vivo e relevante. A isso se dá o nome de *reskilling*.

Mas, de tempos em tempos, precisamos também investir um pouco mais na nossa formação, a fim de evoluir e agregar competências novas, e a isso se dá o nome de *Upskilling*.

As *startups*, a tecnologia e a inovação vieram para mudar toda a perspectiva do mundo de negócios que conhecíamos. Mais do que isso, as *startups* chegaram para quebrar paradigmas e mudar conceitos.

Segundo Daniel Goleman, no livro *Inteligência Emocional*, apenas 2% das pessoas são as que de fato produzem mudanças, outras 13% veem a mudança acontecer e, às vezes, até apoiam e auxiliam. Mas a maioria, 85% das pessoas, não percebe o que está acontecendo e simplesmente é conduzida.

Nelson Mandela já ensinava essa forma de pensar muito antes da primeira *startup*. Ele dizia: "Eu nunca perco. Ou eu venço ou eu aprendo".

Eu o convido para adotar esses 7 pilares. Pensar e agir como os 2% que mudam o mundo. Basta querer e agir. Só depende de você!

2

EQUILÍBRIO NO CAOS, O SEGREDO PARA NÃO ADOECER

Não precisamos adoecer para aprender a cuidar da nossa saúde. Por meio deste capítulo, quero ajudá-lo a mudar pequenas atitudes e a tomar novas decisões, que permitam que encontre o seu equilíbrio. Quando o caos que está lá fora já não o atinge mais, isso significa que você encontrou o seu verdadeiro caminho.

ALINE MORANDI

Aline Morandi

Contadora graduada pela USP em 2007, com pós-graduação em Finanças e Controladoria pela Fipecafi em 2010. Mais de 15 anos de experiência na área financeira em grandes multinacionais, atuando também como líder de equipes. Atualmente, *master coach* especialista em Carreira e Inteligência Emocional, certificada pelo Instituto Gerônimo Theml e pela Sociedade Brasileira de *Coaching*. Especialista, também, em *Coaching* Executivo, apoiando líderes a desenvolverem o verdadeiro papel de gestores de pessoas. Pós-graduada em Psicologia Positiva pela PUC-RS. Palestrante profissional e treinadora. Hoje, pela sua mensagem, ajuda pessoas a terem sucesso e a serem mais saudáveis emocionalmente, por meio do cuidado com a própria mente.

Contatos
www.alinemorandi.com.br
aline.morandi@gmail.com
Instagram: @alinemorandi.oficial
LinkedIn: linkedin.com/in/alinemorandicoach
Facebook: aline.morandi.1
11 99531-9228

Vivemos em um mundo que busca evoluir diariamente. Já avançamos muito em questões de tecnologia, podemos voar de um canto do mundo ao outro, nossos carros já não precisam mais de combustível, fazemos ligações de vídeo para pessoas em qualquer lugar do planeta e já encontramos a cura para diversas doenças. Mas, quando se trata de doenças relacionadas à nossa mente, parece estarmos indo cada vez mais para trás.

Criamos coisas que poderiam trazer mais tempo para viver a vida de maneira prazerosa, mas acabamos criando demandas de urgência e estamos nos perdendo nelas. O tempo todo estamos fazendo várias coisas ao mesmo tempo. Com o avanço da tecnologia, é como se não existisse mais dia, tarde e noite. Existe uma conexão 24 horas, e o nosso cérebro é o que mais sofre, pois tem sido cada vez mais cobrado e exigido, como nunca foi antes.

Esse comportamento que vivemos provocou o crescimento exponencial do estresse, da ansiedade e da depressão. Esse excesso de informações disponíveis e as infinitas opções para tudo causam mais ansiedade, e essa emoção pode ser a porta de entrada para outros problemas de saúde, já que o transtorno de ansiedade já foi classificado pela OMS como o mal do século XXI.

Vários são os motivos que levam a esse caos na saúde mental. Vejamos alguns deles.

Estamos numa era na qual infelizmente as pessoas estão cada vez mais sendo absorvidas por notícias ruins. As informações, quando repetidas várias vezes, são como um mantra. *Man*, que significa *mente*, e *tra*, que significa *controle*. Ou seja, controle da mente. Quando são positivas, geram impactos positivos na nossa mente.

Por exemplo, grandes marcas usam frases de efeito para ficar na mente das pessoas. Exemplos: "terrível contra os insetos": da marca SBP, "todo mundo usa", da Havaianas etc. É uma técnica de marketing que funciona para aquela marca ser sempre lembrada. A questão é que o mesmo ocorre para informações negativas. Quando uma informação negativa é propagada e repetida várias vezes, ela gera mais ansiedade, mais violência e até medo. Basta olhar para o pânico que a Covid-19 gerou no mundo inteiro. As notícias de morte de milhares de pessoas se espalham cada vez mais. Isso faz com que mais e mais pessoas entrem literalmente em desespero, em vez de manterem a calma e fazerem o que precisa ser feito, de forma racional e não por medo. Se antes já estávamos caminhando naturalmente para o avanço de transtornos mentais, a pandemia chegou para acelerar ainda mais esse processo.

Por sermos seres emocionais, muitas das nossas decisões não são tomadas de forma racional. Quando recebemos uma informação, ela chega antes na parte do nosso cérebro que responde por estímulos e ativa o nosso famoso modo sobrevivência. Com isso, nossas atitudes e decisões acontecem primeiro por impulso e pela emoção. Por isso é que muitas vezes falamos o que não queríamos ou temos atitudes que nos arrependemos depois.

Embora as pessoas possam escolher as notícias que querem ouvir, a forma como são apresentadas e repetidas afetam nossos pensamentos e comportamentos. Antigamente, as informações demoravam muito para chegar até nós. Mas hoje basta um clique na tela do seu celular e já se depara com algo que estimula a ficar para baixo. Em milésimos de segundos, já ficamos sabendo tudo o que acontece no mundo inteiro, e isso se propaga de tal forma que pessoas sem nenhuma estrutura emocional podem até surtar, por não saberem lidar com essas informações que chegam.

Mas não é só isso. Ainda existe outro detalhe que tem contribuído muito para o aumento desse caos na saúde mental, o desgaste mental que nossa vida profissional atual exige. Sabe aquela crença de que "ninguém nunca morreu de tanto trabalhar"? Já parou para pensar no quanto, hoje, essa informação está defasada? É fato, vivemos numa sociedade que exige disponibilidade integral. E isso é uma cultura tão séria que os profissionais têm medo, sentem culpa ou vergonha de reconhecer os próprios limites. As pessoas vivem para trabalhar e não trabalham para viver.

Por outro lado, há também uma cultura nas organizações que promove isso. Profissionais são reconhecidos por estarem disponíveis todos os dias, 24 horas. Se responder a uma mensagem às 2 horas da manhã, então, saem na frente. Esses dias, conversei com uma gestora de RH que teve que pedir para uma funcionária ficar em casa, pois ela estava se sentindo mal. A menina, mesmo doente, insistia que gostaria de ficar e que não queria faltar, pois isso iria prejudicá-la. Isso é sério e é real.

Dependendo da cultura da organização, as pessoas chegam a ter medo até de tirar férias, porque poderão ser desligadas ou excluídas. Quando alguém age assim, existe o lado da empresa que incentiva indiretamente, mas existe o outro lado que, normalmente, é porque aquela pessoa não se coloca como prioridade. E isso acontece muito. Temos limites físicos, mentais e emocionais, mas se não soubermos cuidar de cada um deles, ficaremos sempre em segundo plano. Isso durante um tempo pode até ser normal, mas com o passar dos dias se acumula e a gente não vê.

Eu mesma já passei por isso. Trabalhava exaustivamente, achando que estava fazendo o que era certo. Mas me esqueci que antes da carreira vinha a minha saúde. Sem saúde, não somos absolutamente nada. Ultrapassei os meus limites e adoeci, tive um princípio de *burnout*. Meu sistema digestivo teve uma série de complicações e levou um tempo até que tudo se reestabelecesse. E o que é o *burnout*? Pense como se fosse um apagão. Uma queda de energia. É como se você chegasse ao seu limite. Por fora, você está aparentemente bem, mas por dentro o corpo pede socorro. É como se estivesse num carro com pneus novinhos, tanque cheio, mas sem água no radiador, uma hora ele vai ferver na estrada e você vai ficar na mão.

A questão é que a gente espera o carro começar a esquentar e sair fumaça para perceber que tem algo errado. Esperamos o corpo gritar, para tomar uma atitude. Só que o corpo dá sinais muito antes, e o corpo nunca mente. Nossa energia vai diminuindo, já não somos mais tão eficientes, e nossa produtividade cai a ponto de, às vezes, não querermos nem levantar da cama.

De acordo com o ISMA, Organização Internacional de Pesquisa e Gerenciamento do Estresse, o Brasil já é o segundo país no mundo com a maior incidência de *burnout* na população economicamente ativa. Só perde para o Japão e está à frente dos EUA e da China. Mas por que chegamos a esse ponto em pleno século XXI!? Creio que precisamos focar imediatamente em alguns pontos importantes para resolvermos isso.

1º) Empatia Empresarial é fundamental: muitas empresas já perceberam que é melhor prevenir do que ter que tratar. Problemas de saúde mental trazem baixa produtividade, absenteísmo, aumento de demissões e até alta rotatividade. Os profissionais saem perdendo, mas as empresas saem perdendo também. Em pleno século XXI, ainda há preconceito, quando na verdade deveria existir mais empatia por parte das lideranças. É preciso um redesenho do modelo atual de trabalho para amenizar os casos de *burnout* e de estresse no trabalho. Ajustes nas cargas de trabalho, melhoria da comunicação, mais apoio entre líderes e liderados, clareza de funções, *feedbacks* constantes e, o principal, precisamos de líderes que sejam gestores de pessoas de verdade.

2º) Desenvolva uma autoconsciência transformadora. O autocuidado é importante, e é o primeiro passo para resgatar a saúde e a autoestima. Estresse reduz o bem-estar e contribui para a ansiedade. Estresse é um estado de tensão que rompe o equilíbrio interno do organismo. O autocuidado mantém a pessoa em equilíbrio. Quanto mais a gente se conhece, mais somos capazes de lidar com nossas emoções. Afinal, não podemos controlar aquilo que não conhecemos. Quanto mais me aprofundo em mim mesmo, mais sou capaz de lidar com as emoções que me desconectam de mim, mais aprendo a lidar com meus medos, meus desafios e minhas frustrações, mais usufruo das minhas habilidades, competências e talentos. E quanto mais faço isso, mais maximizo os meus pontos fortes e, consequentemente, maiores são os meus resultados.

3º) Desenvolva uma atitude mental positiva – aprenda a encarar os problemas, em vez de tentar evitá-los ou negá-los. Pessoas que sofrem por alguma situação e aprendem a fazer isso, conseguem se levantar da queda com mais sucesso. São aquelas que se definem não pelo que aconteceu com elas, mas sim pelo que fazem com o que aconteceu. Precisamos aprender a obter tudo de melhor do que nos acontece. Quando as pessoas não acreditam na existência de um caminho no qual elas podem encontrar oportunidades na adversidade, elas não evoluem.

4º) Organize mais o seu tempo: evite distrações, melhore a comunicação para que as tarefas fluam. Diminua o tempo em reuniões desnecessárias. Esqueça a cultura de que sair cedo é estar desmotivado. Exceções não precisam virar regras. Prazos apertados e projetos temporários são uma coisa, esperar que as pessoas fiquem todos os dias até tarde é outra, esperar que as pessoas estejam 24 horas disponíveis é outra pior ainda. Como fazíamos antes da era dos *smartphones*? As pessoas desaprenderam a esperar? Como desacelerar num mundo que vive correndo? O tempo livre é algo muito precioso para nossa saúde.

5º) Ser produtivo não é trabalhar 24 horas por dia. Cuidado! Nosso corpo não é uma máquina, precisamos de pausas para nos recuperarmos, e a nossa mente mais ainda. A nossa rotina nos incentiva a ter que consumir e produzir informação o tempo todo. É o imperativo da produtividade, temos que produzir mais em menos tempo e gastando menos energia. Temos um mundo novo, mas nosso cérebro ainda é o mesmo. Fazer as coisas de forma veloz é diferente de fazer com pressa, fazer com pressa se torna um descontrole. Grande parte da sociedade cultua a velocidade e a otimização do tempo acima de qualquer coisa.

Viciamos no imediato. Queremos tomar decisões rápidas e inteligentes para sermos mais eficientes. Isso só nos deixa mais estressados.

6º) Menos telas e mais ambientes físicos: conecte-se ao mundo real com pessoas à sua volta – as pessoas vivem na tela do celular ou do computador; depois dizem que o tempo está passando muito rápido. O uso excessivo de *smartphones* aumentou consideravelmente a ansiedade, depressão e o déficit de atenção. As pessoas viciadas no celular vivem como se fossem dependentes químicos. Quando estão sem os aparelhos, ficam ansiosos e irritados. Causam literalmente dependência. Com isso, as pessoas não conseguem mais ficar paradas e, com tanta informação ao mesmo tempo, as pessoas não conseguem mais prestar atenção e não se aprofundam em nenhum assunto. Vivem uma inquietação e uma angústia. Cuidado com os excessos!

7º) Pratique *mindfulness*: a técnica da presença plena – achamos que somos capazes de fazer milhões de tarefas ao mesmo tempo, quando na verdade nosso cérebro é monotarefa. A nossa atenção é como uma lanterna, ela só consegue focar em uma coisa ao mesmo tempo. Pesquisadores dizem que tentar falar ao telefone vendo tevê, mandando mensagem e comendo, tudo ao mesmo tempo, prejudica demais o nosso controle cognitivo. Fazemos isso para atender a todas as demandas do nosso dia a dia. As pessoas acham bonito viver de forma acelerada, mas ao contrário do que parece, só conseguimos nos concentrar em uma única coisa, ou seja, tentar fazer tudo ao mesmo tempo gera mais ansiedade e prejudica até a criatividade. Quando nossa mente está livre de pensamentos que nos estressam, conseguimos nos conectar com nós mesmos, somos mais criativos. A técnica de *mindfulness* nos ensina a ter presença plena em tudo o que fazemos. Se vai tomar banho, foque no banho. Se vai comer, foque no comer, se está com seu filho, dê atenção a ele, e não ao celular. Tudo o que fizer, faça com presença. Isso não faz você ser só mais presente, mas também mais centrado, mais conectado e mais profundo.

Aprenda a desacelerar um pouco. O nosso corpo pede por isso todos os dias. Viver em equilíbrio é ter saúde em todos sentidos, físico, mental, emocional, espiritual e social. O ritmo que estamos vivendo hoje na nossa vida tem contribuído para que a gente viva cada vez menos neste equilíbrio. Hoje, convido você para repensar toda a sua vida. Vale a pena viver assim? Vale a pena desperdiçar o seu tempo? Vale a pena adoecer, quando na verdade poderia poupar tudo isso mudando as suas atitudes hoje e agora? Eu acredito em um mundo em que as pessoas entenderão que não precisamos adoecer para aprender a nos cuidar. Nós precisamos, sim, todos os dias, valorizar a existência da nossa vida. O equilíbrio no caos acontece quando o caos que está lá fora já não o atinge mais, porque aprendeu a cuidar do bem mais precioso que existe em sua vida, você. Cuide-se! Você merece construir a sua história de sucesso.

Referências

ACHOR, Shawn. *O jeito Harvard de ser feliz*. Editora Benvirá, 2012.

CAMARGO, Izabella. *Dá um tempo*. Editora Principium, 2020.

GOLEMAN, Daniel. *Inteligência emocional*. Editora Objetiva, 2018.

3

AS PEGADAS DO SUCESSO

A percepção de sucesso difere entre as pessoas, mas a satisfação da conquista é comum a todas. Trabalhar para garantir segurança vem do modelo da velha economia e traz insatisfação, frustração e estresse. Nesses contextos, as conversas de corredor são sopros de vida. Na nova economia, as pessoas desejam o sucesso que traz felicidade e seguem as pegadas de quem mais elas se identificam.

ELIS BUSANELLO

Elis Busanello

Educadora pela UPF, especialista em Turismo pelo INPG e em Marketing pela FGV. Consolidou carreira como executiva na gestão de empresas de indústria, comércio e serviços. Foi empresária do segmento de marketing digital, com *expertise* em SEO e *web writer*. Há 14 anos atua como consultora, *coach*, mentora e palestrante. Entre as bases de conhecimento estão: *Presence, Executive, Career, Life, Leader and Team Coaching*, Programação Neurolinguística, Eneagrama, Constelações Sistêmicas, Análise de Perfil Comportamental DISC, Análise de Vocação e Carreira e Engenharia de Equipes. Aprendiz FHB e facilitadora de *coaching & mentoring* na UNIPAZ, autora do CD de mensagens *De Pedra a Diamante*, dos programas Autocoaching, SimPais e Crescer. É diretora voluntária de quatro entidades de trabalho social. Tem como propósito apoiar pessoas e empresas para conquista de sucesso e felicidade. Como palestrante, aborda "a nova economia" para inspirar e ativar ações que gerem prosperidade coletiva.

Contatos
www.elisbusanello.com.br
elis@elisbusanello.com.br
LinkedIn: elis-busanello
Instagram: @elisbusanello
YouTube: Elis Busanello
47 99633-1857

As moedas do sucesso estão acessíveis para todos. Assim que percebemos de onde vem as moedas do sucesso, podemos multiplicar e distribuí-las, reverberando o sucesso abundantemente. Por acreditar profundamente nisso, fiquei chocada quando li a frase: "As pessoas querem te ver bem, mas nunca melhor que elas". Essa dura citação me estimulou a encontrar formas de contribuir para que pessoas e empresas alcancem o que desejam e se tornem inspiração, criando um círculo virtuoso de sucesso e felicidade.

Ao criticarmos as diferenças e rotularmos, escolhemos um lado e julgamos negativamente o outro, colocamos barreiras no fluxo do sucesso. Quando o julgamento é feito sobre os nossos pais e líderes, não recebemos as moedas que vieram deles e bloqueamos o fluxo da evolução.

A primeira liberação de barreira que precisamos fazer é deixar de criticar os que são diferentes de nós. Como seres sociais que somos, nos relacionamos. Horizontalmente, temos irmãos, colegas e amigos. Verticalmente, temos pais e líderes. Na família e na empresa, fazemos parte de grupos com pessoas com diferentes referências de vida, de acordo com o que viveram. E essas pessoas se unem para criar outra história. Não se trata de trilhos fixos, mas trilhas que podem ser construídas e ajustadas conforme as necessidades e expectativas, como diz a consultora Suelen Schneider.

Quando reconhecemos que nossos pais e líderes têm precedência, ganhamos autoconfiança para desbravar essas trilhas. Essa é a força primordial da vida, orientada pelo olhar sistêmico. E ela nos fortalece como pais e líderes, para inspirar aqueles que seguirão as nossas pegadas.

A vida pede mudanças

Minha motivação ao abordar este tema é o fato de ver que muitos empresários não têm retorno dos seus investimentos, colaboradores não sentem seus esforços reconhecidos e clientes não encontram produtos e serviços que atendam às suas expectativas. Quando esses três principais agentes estão descontentes, temos a prova de que o sistema precisa mudar.

Nos cenários corporativos, renovação, inovação, transformação e mudança são requisitos de sustentabilidade. As empresas buscam por mentes dispostas a criar soluções para os novos desafios. O sucesso acontece quando esses requisitos se transformam em valores corporativos. São os valores que geram identificação ou desidentificação das pessoas das organizações com as quais possuem vínculos.

"Navegar é preciso, mudar não é preciso, viver não é preciso". O sucesso e a felicidade das pessoas no mundo VUCA (tradução do inglês: Volátil, Incerto, Complexo e Ambíguo) não cabem dentro de procedimentos preestabelecidos e rígidos. O resultado da mudança é impreciso e, por isso, pode ser muito maior do que conseguimos imaginar. Enquanto do lado de fora das organizações a velocidade do avanço tecnológico pressiona, do lado de dentro queremos dar significado às nossas escolhas.

Finalmente, aprendemos que o mundo que queremos viver precisa de atenção e cuidados com as pessoas, considerando as diferentes visões e expectativas de sucesso que traz sucesso. É o princípio do Ubuntu, filosofia africana que significa "humanidade para com os outros".

A nova economia é para todos

A nova economia transforma a escassez em abundância, entrega qualidade, agrega valor às marcas e garante a sustentabilidade, gera confiança e reverbera atitudes de respeito na sociedade, pela satisfação dos *stakeholders*. A nova economia tem foco nas pessoas.

Há uma lenda irlandesa que diz que tem um pote de ouro no final do arco-íris. Mais de quatro décadas como colaboradora, gestora e *coach* me mostraram que o pote de ouro cheio de moedas multiplicáveis já está dentro de cada um nós. Nossas moedas são as nossas atitudes. E, na nova economia, a moeda mais valiosa é a satisfação que geramos com as nossas atitudes.

Na História da humanidade, temos exemplos de pessoas com atitudes extraordinárias, tais como: Dr. Sabin na saúde mundial, Martin Luther King na justiça social, Bert Hellinger trouxe o valor da ancestralidade familiar, a escritora Helen Keller e o físico Stephen Hawking são verdadeiros exemplos de superação de limites pessoais. Essas pessoas compartilharam os seus potes de ouro, abundantemente, realizando o propósito de contribuir para uma sociedade melhor.

As pegadas no século XX

A década de 1960 ficou marcada por uma conclusão importante que aconteceu em 1968, na IV Conferência de Sociologia, em Estocolmo, na Suécia. O desafio dos participantes era identificar a revolução do século XX, o movimento que mais estava impactando a sociedade mundial. E em meio a diversas vertentes políticas no mundo, concluíram que a maior revolução do século XX era a Emancipação Feminina.

Impossível falar desse assunto e não considerar os enormes impactos dessas mudanças de paradigmas na sociedade patriarcal, nas famílias, seus hábitos e rotinas, nas empresas e na sociedade.

Quando as mulheres saíram para trabalhar fora de casa, começaram a ganhar dinheiro. Tendo renda, elas movimentaram a economia, começaram a decidir o que fazer com o dinheiro e nasceram novas atividades profissionais para apoiar as famílias, como babás, diaristas, creches etc.

Autoconfiantes e com poder econômico, elas não podem mais ser ignoradas por quem cria os produtos. Segundo o BMO Wealth Institute, 85% de todos os gastos dos EUA são controlados pelas mulheres, então é inteligente ter mulheres pensando sobre os produtos. Agora sabemos que, ao criar algo, devemos lembrar que do outro lado haverá mulheres apreciando e influenciando, a partir do modelo mental delas, que é mais expansivo. As mulheres enxergam de forma generalista, apesar de também terem a capacidade de ser especialistas. E por que a visão generalista é importante?

Olhar as planilhas e estudar a aquisição de uma máquina requer análise específica. Olhar o cenário, as expectativas, os processos, os meios, os fins, os recursos, as pessoas, as tecnologias, a legislação e as taxas financeiras, relacionar o mercado interno com a influência da moeda internacional, tudo isso requer uma visão generalista. Erramos ao desvalorizar o generalista, tratando-o como superficial, quando na verdade a visão macro dele permite encontrar o específico para resolver pontualmente. O contrário não é possível. Alinhados quanto ao valor dos generalistas e dos especialistas, podemos seguir juntos para construir melhores resultados.

As mulheres chegaram para mudar a visão dos negócios. Elas trouxeram a dimensão socioemocional para o mundo dos negócios, que considera as visões diferentes para sucesso e felicidade, mas igualmente importantes, tanto na vida pessoal quanto na profissional. Com as mulheres ocupando diversos postos, o tempero mudou nas organizações. É da natureza feminina se importar com as pessoas, e essas pegadas as mulheres estão deixando para serem seguidas pelas próximas gerações.

As pressuposições da nova economia

Pressupostos são um conjunto de crenças que antecipam a realização de um conceito em que acreditamos. A economia da satisfação é uma obra-prima que construímos simultaneamente em três estágios: eu comigo, eu com o outro e eu com os outros, vivendo as seguintes pressuposições:

- no dia a dia, cada um faz o seu melhor, porque se importa verdadeiramente com os demais;
- nas relações saudáveis, as pessoas fazem a gestão intangível do QE (Quociente Emocional) para possibilitar ao QI (Quociente de Inteligência) gerar bens tangíveis;
- como seres sociais, evoluímos continuamente na convivência com as muitas faces humanas;
- o dinheiro é resultado da satisfação de todos os *stakeholders*;
- a finalidade de tudo e de todos é servir ao bem comum;
- a percepção do que é sucesso e felicidade varia entre as pessoas, mas a sensação de satisfação é a mesma, independentemente dos objetivos conquistados.

Chegamos ao século do *homo empathicus* – aquele que se importa verdadeiramente com as pessoas. Desde que Daniel Goleman nos mostrou que a inteligência emocional é a habilidade mais valorizada, passamos a incluir a empatia como valor e prática necessária e efetiva, em todos os ambientes, principalmente nas empresas, onde pessoas de diversas origens e estilos se reúnem para produzir valor pelo trabalho. A empatia verdadeira implica compreender as motivações das outras pessoas e olhar o mundo sob as lentes delas, para promover ações congruentes.

Mas nada acontece fora se não acontecer dentro do indivíduo primeiro. Todo processo de crescimento passa pela autoconsciência e autoliderança. As pessoas criam resultados positivos nas organizações, quando antes positivaram seus pensamentos e suas posturas. Elas têm um trato elegante consigo mesmas e com os demais. E o meio corporativo é o cenário que dá a elas condições para prosperar por meio do convívio saudável e satisfatório para todos.

As quatro chaves do circuito do sucesso

O revezamento 4 X 4 é uma modalidade que soma as competências dos quatro atletas para chegar ao resultado quando o último atleta passa a linha de chegada. No circuito das pegadas do sucesso, não temos uma linha de chegada fixa, temos quatro chaves que formam um circuito contínuo, levando as pessoas para níveis cada vez mais altos de aprendizado, produtividade, satisfação e, por consequência, lucratividade. Estas quatro chaves são:

- Fluxo – entramos no fluxo quando acreditamos que a fonte abundante de sucesso é a satisfação de todos;
- Empatia – fluímos com os demais quando respeitamos e entendemos os outros sob o ponto de vista deles;
- Colaboração – a filosofia do "um por todos, todos por um" mobiliza as pessoas em todos os cenários;
- Reciprocidade – satisfação gera satisfação e dispara a reciprocidade, alimentando o fluxo da riqueza. Dessa forma, o sucesso se torna escalável.

As pessoas que entram no fluxo são parte da solução e resolvem as dificuldades antes que se tornem problemas. Nas empresas, elas são focadas em entregar qualidade na produção, na logística, no marketing, na assistência técnica e em todas as demais áreas, motivadas para criar resultados por meio de processos eficientes. A empatia gera confiança e valoriza as múltiplas inteligências que, por consequência, geram produtividade e sustentabilidade. Os talentos diversos dentro da empresa compreendem os talentos diversos que estão fora dela. Os produtos e serviços são criados e atualizados para dar respostas efetivas aos desejos dos consumidores. A colaboração é uma filosofia de vida pessoal e profissional dos novos tempos. Os trabalhadores compreendem que são parte de algo maior e mais importante do que as atividades de rotina que desempenham. E as pessoas satisfeitas geram reciprocidade, elevando a convivência e os resultados do trabalho bem-feito para patamares mais altos de satisfação, nutrindo o fluxo continuamente.

Os líderes das empresas têm compromisso com a satisfação das famílias dos colaboradores, e estes têm orgulho de fazer parte do ecossistema da organização, que se torna uma usina de sucesso e felicidade retroalimentada pelo olhar atento e pelo compromisso de todos. Esses resultados positivos reverberam nas comunidades. A economia da satisfação cria uma rede de conexões, na qual as pessoas se importam umas com as outras e sabem que juntas produzem melhor. Cuidar dos valores humanos faz parte do DNA dessas empresas, no qual o sucesso é multiplicável, tanto para as pessoas quanto para a corporação. Esse modelo é percebido pelos fornecedores e pelos clientes, que optam por participar e ajudar a manter esse fluxo, gerando reciprocidade e compromisso com os resultados.

A economia da satisfação é a mais ampla e inclusiva forma de gerar valor. Cada pessoa que adere à prática de fazer bem-feito compartilha do pote de ouro que tem, e é um agente multiplicador de riquezas.

Quando compreendemos os efeitos da satisfação, acontece uma verdadeira transformação na forma como agimos com as pessoas ao nosso redor. Quando olhamos cada pessoa como sendo o nosso reflexo no espelho, entendemos que os outros também têm desejos e necessidades a serem satisfeitos, e nós somos parte responsável por criar esse fluxo.

A reciprocidade gerada é o motor da satisfação, que cria o sucesso multiplicável infinitamente.

A melhor notícia é que você já é um investidor desta economia e o seu pote de ouro são suas habilidades, competências e valores humanos. Com esses diferenciais, pode multiplicar moedas para gerar sucesso e felicidade, contribuindo para elevar o patamar da humanidade, aqui e agora.

Eu o convido a ligar as turbinas e ser abundante nas atitudes, para revitalizar a sua vida todos os dias, oferecendo o seu melhor para o mundo, criando satisfação para si e para os demais.

Satisfação gera satisfação!

A satisfação é a experiência de felicidade aplicada às mais diversas situações da vida. Felizes, criamos e multiplicamos sucesso, impactando positivamente os resultados dentro e fora das empresas, beneficiando as nossas famílias e a sociedade.

Quando geramos satisfação, deixamos pegadas de sucesso.

Referências

BACARDÍ, Joan Garriga. *Onde estão as moedas?* Campinas: Saberes Editora, 2011.

GOLEMAN, Daniel. *Inteligência emocional.* Rio de Janeiro: Editora Objetiva, 1995.

MAGALHÃES, Dulce. *Damas de ouro - a inspiradora história da mulher.* São Paulo: Editora Literare Books International, 2013.

SHEIN, Edgar H. *Identidade profissional*. São Paulo: Editora Nobel, 1996.

SHINYASHIKI, Roberto. *A nova lógica do sucesso*. São Paulo: Editora Gente, 2015.

WEISINGER, Hendrie. *Inteligência emocional no trabalho*. Rio de Janeiro: Editora Objetiva, 1997.

4

OS BASTIDORES DA TRANSFORMAÇÃO

Quer transformar sua história e mudar seus resultados? Enfrente você mesmo em primeiro lugar, encontre o seu amor perdido e, depois, viva cada segundo como se fosse o seu único momento, aqui e agora.

LAVYNE KHUN YIN

Lavyne Khun Yin

Palestrante comportamental de alta *performance*, escritora, médica, terapeuta integrativa. Mensageira de transição da Nova Terra. Mentora de Desenvolvimento Humano e Espiritual. Ativista quântica. CEO – Instituto Lavyne Khun Yin – Saúde Consciente. Medicina – Universidade Federal Fluminense. Especializada em Pediatria, atuando há 27 anos com Neonatologia e Pediatria. A Medicina Integrativa foi uma grande percepção ao lidar com a família e com técnicas que integraram conhecimento. Pós-graduação em Biorressonância e Biofísica Aplicada, Ortobiomolecular. Treinamentos associados: PNL, Radiestesia, Inteligência Emocional, Frequências Vibracionais, Life Coach (*coach* de alma), palestrante de autoconsciência e alta *performance*. Transformando vidas por meio de um conjunto de caminhos restauradores do entendimento humano, integrando a conexão espiritual à ciência quântica, integrando a fisiologia de forma plena. As certificações são importantes, mas a grande graduação aconteceu com a minha própria história de vida e com as milhares de histórias em que tive a oportunidade de testemunhar e facilitar a transformação de vidas.

Contatos
institutolavynekhunyin.com.br/
contato@institutolavynekhunyin.com
Instagram: @institutolavynekhunyin
YouTube: youtube.com/channel/UCeno6OijYc58aL55E0ff7og
11 4312-5492
11 97550-8420

Todo processo de transformação passa pela experiência pessoal. Essa jornada é contínua, mesmo que você nem perceba o quão incrível é. Os arquétipos internos nos ajudam a entender os comportamentos desorganizados que são gerados durante a vida e a solução proporcionada pela autoconsciência.

Os bastidores da transformação

A natureza é perfeita em todas as formas de manifestação. A vida se processa dentro de uma visão adormecida e desperta. A dualidade em que estamos inseridos, nesse universo, nos mobiliza para gerar escolhas. Imagine um quebra-cabeça com 3.000 peças, um enigma indesvendável, sem poder perder nenhuma delas para que o jogo possa acontecer. Mediante o labirinto da dualidade, você precisa enfrentar esse desafio e montar a imagem sem preguiça, sem irritação, sem fragilidades, mesmo que durante o processo esses sentimentos estejam presentes.

É importante entender que todo processo de transformação passa pela experiência pessoal. Sendo assim, desejo que esteja com o coração aberto ao novo para encontrar forças para montar o próprio quebra-cabeça e curtir esta viagem.

A natureza humana é fantástica e se manifesta desde a concepção até o nascimento de um bebê, processo que ocorre em 40 semanas, aproximadamente. Somos capazes de sair da condição de duas células e nos formar em um corpo complexo, um exemplo dessa complexidade é um órgão nosso: o pulmão. Ao sair do útero, esse órgão entra na corrida pela manutenção da vida. Infla assim que a criança sai do útero e o respiro da vida acontece sem que nenhum teste seja feito anteriormente para saber se ele vai funcionar. Ou seja, se algo der errado, sai da possibilidade da vida.

Somos seres potencialmente transformadores, capazes de tornar o improvável em possibilidades viáveis, e chamamos isso de vida. Contudo, alguns de nós passam por quase uma crucificação emocional para se manterem vivos depois de toda essa jornada de transformação. E isso continua acontecendo o tempo todo, mesmo que não perceba.

Durante a minha vida, demorei a entender o porquê de tantas dores. Essa minha jornada hoje chamo de "Os bastidores da transformação". Nasci com menos possibilidades de sobrevivência do que a maioria dos bebês. Assim que vim ao mundo, não pude estar em contato com minha mãe e, após um período, quando tive o primeiro contato, ela se assustou com a diferença entre o meu tamanho e os de outros bebês. Durante a gravidez, ela passou por várias situações que a levaram à depressão, tristeza e uma má alimentação, gerando todas essas desordens na minha vida.

A dualidade começa a nos atingir muito cedo, pois temos que aprender a arte da aceitação para parar de julgar, comparar e criticar eventos da vida. Minha mãe não imaginava que aquele bebê nascia para ajudá-la a passar pelos seus maiores ensinamentos, dentro das mais terríveis situações.

Quando penso em tudo que vivemos juntas, percebo que, mesmo com tantas falhas em nosso comportamento humano gerado pela força do ego, o quebra-cabeça estava sendo montado dentro da magia, que chamo de transformação.

Dentro de cada um de nós, nascem e crescem arquétipos mobilizados pelo ego que consideramos difíceis de lidar, sendo necessário ressignificá-los durante a montagem do quebra-cabeça da vida.

Os arquétipos

O primeiro arquétipo é o destruidor inerente, o qual vive em cada um de nós, surgindo dentro de uma emoção de rejeição ou abandono durante a gestação aos 6 meses de vida. Sou filha de mãe solteira, separada do grande amor de sua vida por convenções sociais da época, enfrentando abandono e rejeição. A tristeza durante a gestação a levou a uma má alimentação que produziu desnutrição no bebê. Ficou impossibilitada de amamentar, gerando em mim um precoce aprendizado sobre escassez, rejeição e destruidor interno.

Em casos desse tipo, as pessoas não conseguem fechar ciclos, terminar um livro, projetos, relacionamentos, empregos, criando dívidas, falência, doenças, podendo gerar até mesmo o suicídio. Quando tudo parece estar acontecendo, uma força gerada pelo ego lhe diz: "Isso não é para você, você vai sofrer se continuar". E então entra em fluxo que gera um comportamento destruidor.

Quando desperta para esse padrão, é necessário iniciar um caminho árduo de superação para gerar a ressignificação dessa construção para novas realidades. É necessário ser forte, vencer a procrastinação, a raiva interior, a tristeza, a sensação de incapacidade e permitir que a vida se processe mais facilmente, de forma leve, acreditando que é capaz de realizar e fazer acontecer. Como fazer isso? Você pode começar o treinamento a partir das coisas mais simples, como lavar uma louça até o final, ler o livro inteiro, concluir os estudos, cursos, faculdades, especializações e pegar o diploma; não interromper o relacionamento afetivo na primeira ou segunda adversidade, terminar o projeto solicitado, manter-se saudável.

O segundo arquétipo é o controlador, que acredita ser certo controlar tudo para que dê certo, dentro dos "meus moldes" estabelecidos, sejam eles gerados por crenças familiares, sociais, políticas e/ou religiosas. O controlador é forte dentro do nosso sistema, no qual precisamos gerar prazos de entrega, tempo certo para comer, rezar, transar, viver e morrer. Normalmente, esse arquétipo nasce quando, desde muito pequeno, foi solicitado algo em que estivéssemos no controle da situação, sem ainda estarmos prontos para isso.

Até os três anos de idade, somos ainda vulneráveis às situações da vida familiar. Situações nas quais seus pais não estão presentes podem levar você a assumir o controle, consequentemente danificando a saúde emocional da família.

Minha mãe, muito cedo, precisou se responsabilizar pelo sustento da sua família. Começou a andar e falar aos nove meses, aos três anos já sabia ler e, com cinco anos, trazia encomendas para suas irmãs confeccionarem roupas. Foi a mulher mais inteligente que conheci e ainda não vi ninguém superá-la.

Quando eu tinha três anos de idade, ela foi baleada na minha frente, e o mais importante é que, mesmo em condições precárias de vida, foi capaz de coordenar decisões sobre a própria cirurgia, mediante o desespero da equipe que a atendia na época. O controlador controla o incontrolável.

O controlador é muito inteligente, proativo, rígido, ditador, arrogante, tem potencial forte na liderança, manda em casa e trabalha igual a uma máquina. Engana-se quem acha que isso tudo é bom, porque o limite entre os eventos chega ao exagero e nada que é demais funciona por longo tempo. A consequência negativa disso é que a equipe, com o tempo, é dissolvida. Na maioria das vezes, ele acaba se sentindo sozinho, traído, achando que não é compreendido. O grande desafio desse comportamento egocêntrico é permitir que o outro possa se expressar e ter também o seu momento de glória. Quando se permite que a cooperação impere em qualquer sentido da vida, a liderança toma forma de maneira iluminada e todo o sistema se reorganiza, seja na vida pessoal, familiar, social ou profissional.

O terceiro arquétipo é do dependente, o qual se coloca no papel de vítima constantemente. Inicia-se em torno de seis anos de idade, quando é tirada da criança a capacidade de experimentar e de realizar tarefas. É comum acontecer em situações com pais controladores, em que nada pode e tudo é perigoso, gerando uma sensação de dependência e incapacidade. Na escola, essa pessoa precisa de ajuda para realizar tarefas sozinha, na faculdade acaba se escorando no colega mais esperto, na relação familiar é o que não sabe cozinhar, não arruma o armário, não faz tarefas simples e, no trabalho, se sente em eterno treinamento de suas competências, sempre pedindo ajuda e não se responsabilizando por suas atitudes. Boa parte dos desempregados do sistema social encontra-se com esse arquétipo forte.

Você pode estar se perguntando: como mudar isso? A resposta é: pela autorresponsabilidade que a luz no fundo do túnel acende. Acredito que isso pode ajudar todos os arquétipos a entrar em harmonia de vida, o dependente só precisa levantar essa bandeira para aprender a realizar e se tornar capaz, pois isso não determina presença ou falta de inteligência, mas sim falta de oportunidade de realizar com autoconfiança.

As crenças e atitudes que temos geram um caminho de muitas possibilidades, as quais se apresentam de acordo com a energia que gerou no sistema de influências, nas quais estamos inseridos naturalmente. Afinal, influenciamos e somos influenciados o tempo todo com o que somos e emitimos no sistema de energia. Em certo momento, a vibração gerada pelo que pensa, sente e faz seleciona uma possibilidade que representa aquilo que está emitindo para o sistema de relacionamento universal. A partir daí, algo acontecerá, uma oportunidade positiva ou negativa, um problema ou uma solução. Será necessária uma ação, ir para a ação de verdade. E, se for necessário até mesmo correr, lembrando que o universo adora ação, velocidade.

Somente assim chegarão os resultados, os quais serão de acordo com a possibilidade selecionada e a ação empregada, podendo ser negativa ou positiva, pelo seu ponto de vista. Os resultados vão retroalimentar o ciclo e o processo continua a acontecer, mediante um modelo que seja usado para alimentar esse sistema que está acontecendo. Caso os resultados não sejam os esperados por você, é necessário mudar o modelo que está usando, seja seu pai, sua mãe, seu amigo ou mesmo seu inimigo. Busque um modelo que tenha os resultados que almeja e use-o como modelo temporário até suas atitudes começarem a gerar hábitos e novas crenças em cima de novas possibilidades, ações e resultados. Faça isso até que sua vida se transforme do jeito que sonhou.

As quatro chaves da transformação

Entendi que existem quatro chaves e aprendi a respeitá-las. Elas geram a energia rapidamente e sem parecer que está em meio a uma guerra infindável.

Aceitar, silenciar, acreditar e encontrar o Segredo. Essas chaves, quando entendidas e absorvidas em uma mudança congruente em seu sistema de vida, são capazes de levá-lo ao próximo nível de compreensão. Entendo que, ao adquirirmos conhecimento e aplicarmos em nossa percepção pessoal, geramos o chamado autoconhecimento transformador, mas isso só acontece de forma verdadeira quando começamos a autogerir tais conhecimentos. Dessa forma, nasce a autoconsciência capaz de transformar nossas vidas em um sucesso integrativo.

Aceitar está ligado à aceitação das verdades dos fatos sobre suas experiências. Penso que a aceitação é a chave mais transformadora das quatro, porque ela é carregada de muita força dentro da sua formação.

A = Amor incondicional
C = Construir a consciência ampliada
E = Espiritualidade
I = Intenção
T = Transformação
A = Autorresponsabilidade
R = Ressignificação

Aceitar é amor incondicional, tanto a você como ao outro. Gera a construção da ampliação da consciência durante a jornada. É conectar-se com a Espiritualidade, que representa sua natureza, usando a intenção nos processos criativos da vida, capazes de mostrar a você a transformação acontecer, se autorresponsabilizar pelos processos da vida e de suas criações para e, pela ressignificação, restaurar os processos de uma vida saudável integralmente.

Silenciar, o encontro com o silêncio talvez possa ser difícil para alguns, dentro de um mundo em que pensamentos acelerados passaram a fazer parte de uma constância social. Muitas atribuições, muitos problemas e menos espaço para você e o silêncio reparador. A forma mais eficaz – para a qual levantei a bandeira pessoal e facilitei para que meus pacientes, clientes e amigos percebessem – é a meditação, prática milenar mais eficiente para gerar descanso cerebral, redução do trânsito de pensamentos, equilíbrio emocional e restauração das atividades bioquímicas e biofísicas do corpo. Comprovada pela ciência, contra fatos não há argumentos. O silêncio nasce de uma nova postura de equilíbrio de vida.

Acreditar é entender que você pode ser quem nasceu para ser, seus propósitos estão em cocriar momentos de plena prosperidade integral. Para que isso aconteça, é necessário vencer as crenças que limitam seu melhor desenvolvimento, na experiência que se encontra neste momento de vida. A fé representa nada mais do que acreditar no mundo invisível, que é regido por Leis Universais, as quais julgam não existir porque não as enxergam.

O segredo, encontrar o segredo, significa seguir numa viagem de grande profundidade sobre tudo que acha que existe na sua vida para mudar. Ter a humildade de saber que está vivendo uma experiência que pode melhorar, assim que perceber o que de fato atrapalha sua visão de si mesmo. Por isso, a melhor forma de proporcionar esse encontro é com autoconhecimento, até gerar autoconsciência o suficiente para gerar transformações e o seu ponto de não retorno.

A natureza é perfeita em todas as formas de manifestação. Existe uma frase que hoje uso como mantra de transformação na minha vida: "**resultados são respostas de mudanças de atitudes**". Quer transformar sua história e mudar seus resultados? Enfrente a si mesmo em primeiro lugar, encontre o seu amor perdido; depois, viva cada segundo como se fosse o seu único momento, aqui e agora.

5

RECALCULE A ROTA...
RUMO À MARTE

Recalcular a rota e estabelecer novas conexões nem sempre são investimentos fáceis, mas nunca foi tão necessário se manter atento às possibilidades inesperadas ou mesmo provocá-las. A era digital traz consigo oportunidades de conexão para decolar rumo ao nível mais alto de protagonismo e realizações. Se necessário, recalcule a rota... rumo à Marte.

LEILA NAVARRO

Leila Navarro

Palestrante, escritora, apresentadora, Standuper, Startuper e empresária. Autora de 16 livros e vencedora do Prêmio Top Of Mind como melhor palestrante de 2020. Também é mentora de profissionais de sucesso na área de palestras.

Contatos
www.leilanavarro.com.br
atendimento@leilanavarro.com.br
Instagram: @leilanavarrooficial

A *vida não precisa ser tão complicada! Cada um de nós tem **talento para ser feliz**, capacidade para **virar o jogo** e desenvolver o **poder da superação**. Reconhecer que **grandes egos não cabem no avião** é a forma mais inteligente de identificar **qual é o seu lugar no mundo** e conquistar **confiança, o diferencial de um líder**. O século XXI requer de nós **mudança de atitude** e, para isso, é necessário que façamos **autocoaching de carreira e de vida** periodicamente, para, assim, desenvolvermos **talento à prova de crise**[1].

A Sociedade 5.0 bate à porta do mundo. A presença de tecnologias digitais, mobilidade e conectividade de pessoas na Indústria 4.0, a Quarta Revolução, vem ampliando caminho para um modelo de organização que visa a integração da sociedade à tecnologia, a solução de problemas sociais, o atendimento às necessidades do ser humano e a melhoria da qualidade de vida da população. E, nesse cenário, sem rodeios, a pandemia da Covid-19 acelerou o futuro. É hora de compreender o movimento de disrupção que passou a reger o mundo, recalcular a rota e exercitar o poder de inovação e realização pessoal, em prol do bem comum.

Previsões visionárias para modelos de negócios, relacionamentos corporativos, adesão ao trabalho remoto, desenvolvimento de carreiras, formação básica com ensino a distância e novas demandas de consumo despencaram no presente e impuseram a cada ser humano um grau de urgência para adaptações aos novos tempos. O futuro é aqui e agora. Transformações sociais são a base do novo mundo, em que o pensamento individualista encontrará cada vez menos espaço, na mesma proporção em que pessoas se conectam e se apoiam em interesses comuns. A cultura de produção em conjunto, com o intuito de proporcionar inclusão e

---

1 Todos os destaques em negrito são títulos de livros de Leila Navarro. Com mais de 20 anos de atuação como palestrante motivacional no Brasil e exterior, e autora de 16 livros publicados (parte de seu legado), ela se dispõe a atuar como mentora de aspirantes à carreira de palestrante, porém, alerta sobre a importância de se colocar como aprendiz para evoluir sempre.

sustentabilidade, chegou para ficar e impulsiona a evolução da mentalidade colaborativa.

Inúmeras iniciativas comprovam essa realidade. O novo olhar sobre a transformação das coisas atrai mentes conectadas com as tendências do século XXI. O *TED (Technology, Entertainment, Design Talks)*, fundado por Harry Marks, em Vancouver – Canadá, por exemplo, é uma iniciativa que agrupa expressões singulares, impulsiona conhecimento e coloca holofotes em diferentes fontes de experiência e conhecimento. Com o *slogan ideas worth spreading* (ideias que merecem ser disseminadas), são promovidas conferências de alto nível de percepções compartilhadas com pessoas que buscam inspiração e conhecimento alinhados às tendências e seus interesses ao redor do mundo.

A mentalidade colaborativa em favor de objetivos específicos ou gerais é fundamental para o sucesso de uma sociedade, grupos ou projetos, independentemente de sua natureza. Juntas, as pessoas têm mais possibilidades de criar soluções, pensar diferente, trabalhar "fora da caixa", gerando uma gama de benefícios para o bem comum, entre eles, reciclagem de conceitos e métodos baseados na singularidade, na simplicidade, na valorização da diversidade e no impacto social.

Segundo Yoko Ishikura, professora emérita da Universidade Hitotsubashi, instituição especializada em ciências sociais em Tóquio, no Japão, os principais valores que surgem da Sociedade 5.0 são a sustentabilidade, a abertura e a inclusão: "Estamos usando a transformação digital para resolver questões e existe uma rede colaborativa com parceiros do mundo todo. Podemos construir um desenvolvimento sustentável global ao compartilhar conhecimento acumulado no processo". A obra *Speaker Talent Brasil – conexões para decolar na era digital* é uma aplicação concreta do modelo cooperativo da Quinta Revolução Industrial. Os integrantes deste projeto têm a oportunidade de expor conceitos, ideias e experiências num contexto de autodesenvolvimento e impulsionamento do saber coletivo.

Da esfera pessoal à profissional, dos pequenos empreendimentos aos grandes negócios, para vislumbrar um futuro é necessário encarar a velocidade das mudanças e desenvolver a capacidade de recomeço e adaptação aos novos cenários, recalculando a rota sempre que necessário.

Outra tendência inovadora que escancara a rapidez de exposição de ideias e um novo conceito de comunicação é o TikTok. Em 2019, destacou-se com um dos apps mais presentes em todo o mundo e se consagrou como a quarta maior rede social. Foi o aplicativo mais baixado no primeiro trimestre de 2021, ultrapassou o Facebook em número de *downloads* e atingiu a marca de 1,5 bilhão de usuários mensais, segundo estudo da Infobase Interativa. Você conhece Charlie D'Amelio, Addison Era ou Bella Poarch? Segundo levantamento, essas *personas* ocupam os três primeiros perfis com mais fãs no TikTok, o que representa 111,3, 78,7 e 60 milhões de seguidores respectivamente. Qual a possibilidade de tanta gente saber da existência deles se não estivessem expostos nas redes sociais?

No Brasil, vem despontando uma figura emblemática, a Pequena Lô. Jovem, de 24 anos e 1,3 metro de altura, que nasceu com membros curtos devido a uma síndrome que até hoje não foi identificada, decidiu usar o humor para dar voz a pessoas com algum tipo de deficiência. Da exposição de saberes surgem novos olhares e possibilidades para a sociedade por meio de negócios, relacionamentos, hábitos, possibilidades, tendências.

Construir saber com mentalidade digital

Todo projeto nasce de uma ideia. Há pessoas que investem na busca de conhecimento, são antenadas, dedicadas e dotadas de persistência para colocar em prática seus *insights*; outras aguardam golpes de sorte do destino para ver resultado do que acham genial a partir da sua realidade e, ainda, tem gente que pensa, pensa, mas não move uma palha para sair da inércia. Em geral, esse último grupo deixa a vida passar com pouco ou nenhum brilho, com expectativas e realidades desproporcionais. Caminham à margem da realidade de transformações no mundo num tempo em que acompanhar a disrupção tecnológica não será uma questão de escolha, mas de sobrevivência.

Segurança e estabilidade são palavras fora de contexto no mundo contemporâneo. Isso já há algum tempo, mas agora com maior evidência. Todos os cenários vêm sofrendo transformações no mundo inteiro. Encarar a adversidade é um desafio fortalecedor e arriscar faz parte do repertório do mundo atual.

Vou fazer 80 anos... em 2033. Até lá pretendo aprender a reaprender com tudo e todas as pessoas com quem tiver oportunidade de me relacionar. Com mais de vinte anos como palestrante motivacional, desbravando caminhos, criando oportunidades, posso dizer que tenho um legado, um mapa com trajetórias e experiências que compartilho sem reservas, porém, me mantenho ciente de que as rotas mudaram, e vivências recentes de profissionais mais novos podem abrir leques de possibilidades na minha carreira – sigo a vida recalculando rotas e me reinventando.

Como mentora, posso dar direcionamentos para uma pessoa chegar a um patamar mais elevado na carreira e até na própria vida. Isso não impede que eu aprenda com os vídeos do TikTok, com os convidados do TED, com aspirantes à carreira de palestrante, com os universitários, com meus clientes, com meus assessores e até com meus netinhos – é possível e respeitável transitar de um extremo a outro no lugar de mentora e de mentorada. Defino essa flexibilidade como a arte do adquirir conhecimento e construir saber com mentalidade digital.

Experienciar deveria ser o verbo conjugado (e praticado) por todo ser humano nesse movimento de transformação global. Quando passei a refletir sobre o verdadeiro sentido da palavra, "descobri", na prática, que ela nos revela intensas percepções. Na minha tradução, experienciar é se permitir viver intensamente com todos os sentidos, é se deixar envolver, perceber, fluir nos pensamentos, nas emoções e nas decisões. Trazer esse olhar para o mundo atual é uma forma responsável de fluir num cenário de incertezas, mudanças e novas adaptações.

Apesar da resistência de muitas pessoas a se adaptar às iminentes transformações sociais, elas são valiosas oportunidades de evolução. O futuro alicerçado na tecnologia a serviço da humanidade já começou e, independentemente de onde venha a mudança, ela provoca novas atitudes e tomadas de decisão. E, mesmo que um indivíduo pense na possibilidade de se manter imune às inovações, elas provocarão mudanças involuntárias. Seremos cada vez mais provocados a mudar... mudar quem sabe até para Marte!

Segundo o filósofo Horácio, "a adversidade desperta em nós capacidades que, em circunstâncias favoráveis, teriam ficado adormecidas". Se não pode mudar um fato, mude o comportamento e siga em frente. Adversidades e crises geram resiliência espontânea, o que significa recalcular a rota na vida, na carreira e nos negócios, de forma inteligente e assertiva.

Reclamar não muda o rumo das coisas, agir com consciência, sim. *Personas* que fizeram e vêm fazendo história não são as que nunca se equivocaram, tampouco as que sempre ganharam, mas sim aquelas que foram capazes de enfrentar as adversidades para seguir adiante, avançando em seus propósitos, independentemente das circunstâncias. Quando enfrentamos e superamos os medos, a autoestima e a autoconfiança aumentam na mesma proporção que competências e habilidades são fortalecidas.

Preparado para pivotar?

Startups são um novo universo nos negócios da era digital. A definição dessa palavra representa, de um modo geral, "empresas jovens, inovadoras e com alto potencial de crescimento". Nesse meio, a mentalidade empreendedora não tem receio de recalcular a rota. Quando o empreendedor percebe que as coisas não estão indo como o planejado, ele se permite pivotar, ou seja, observar todas as possibilidades e reinventar o negócio, aproveitando estrutura e ideia iniciais.

Sempre é possível pivotar. O desafio da era moderna é que cada pessoa saiba qual é o próprio contexto, tenha em mente os diversos caminhos a serem percorridos e aonde pretende chegar. Nem sempre o alvo desejado será atingido, porém a caminhada já pode ser um valioso aprendizado.

Como atuar em um mundo disruptivo e de incertezas? Se essa frase já era recorrente antes da pandemia da Covid-19, hoje, se colocada numa escala de preocupações, certamente tem ocupado bom espaço na mente dos seres pensantes no mundo. A evolução da tecnologia, dos negócios e dos relacionamentos tem requerido processos de reciclagem e atualização constantes. Quem não tiver uma direção que faça sentido à sua vida, estará fadado à extinção. O ter sentido é o que renova, fortalece e impulsiona para a realização de propósitos.

Muitas pessoas se perdem dos próprios objetivos e sonhos, e literalmente quebram empresas, destroem destinos, rompem relacionamentos, entram em colapso nas finanças porque não são flexíveis na adversidade e resistem ante à urgência de recalcular a rota. Particularmente, às vezes eu nem sei claramente o porquê de algumas mudanças que promovo e tantas outras que são promovidas em minha vida, mas a cada dia tenho mais certeza de que, segundo um ditado chinês, "a vida é como é e como é, é perfeita". As revoluções que a era digital tem promovido não precisam ser temidas. Vale sentir o momento, as próprias emoções, permitir que os *insights* e a intuição conduzam para novas descobertas.

"Seja a mudança que você quer no mundo", assim dizia Dalai-Lama. Recalcular a rota e estabelecer novas conexões nem sempre são investimentos fáceis, mas nunca foi tão necessário se manter atento às possibilidades inesperadas ou mesmo provocá-las. Em geral, as pessoas detestam mudança, no entanto, é a única coisa que nos faz progredir, fortalecer e até rejuvenescer. Conheço pessoas que sofrem horrores com as novidades da era digital e, quando se rendem às possibilidades, observam inúmeros benefícios e facilidades justamente na fonte que rejeitaram. Algumas mudanças são impiedosas, mas necessárias. Não existe meia excelência, meia felicidade, meia crise ou meia recalculada de rota. A era digital traz consigo oportunidades de conexão para decolar rumo ao nível mais alto de protagonismo e realizações. Se necessário, recalcule a rota... rumo à Marte.

6

NEUROPRODUTIVIDADE FUNCIONAL

Quem não conhece alguém que "bugou", ou melhor, paralisou de verdade por conta do excesso de tarefas, de informações ou de seus próprios medos? Eu fui uma dessas pessoas. Travei profunda e gravemente, mas fiz descobertas valiosas desse processo, que serão compartilhadas neste capítulo.

LU CARDOSO

Lu Cardoso

Doutoranda em Neurociências, mestre em Educação, professora universitária e reabilitadora da vida. É uma buscadora da verdade e da plenitude pela integralidade em todos os sentidos. Desde nova, buscava o autoconhecimento e ajudar as pessoas. Com dois anos de formada, tornou-se professora no mesmo curso, procurando compartilhar os ensinamentos à medida que também se aprimorava. Especialista em Fisioterapia Neurofuncional, atuante em terapias integrativas como Ioga, Shiatsu, Reiki, dentre outras.

Contatos
contato@lucardoso.com.br
www.lucardoso.com.br/lucardoso/
Instagram: @lucardosooficial_
31 99487-1522

Desconectar para avançar

Quem não conhece alguém que "bugou", ou melhor, paralisou de verdade por conta do excesso de tarefas, de informações ou dos próprios medos? Eu fui uma dessas pessoas. Travei profunda e gravemente, mas fiz descobertas valiosas desse processo e quero compartilhar isso com você.

Em uma noite fria de maio de 1992, no interior de Minas Gerais, onde morava, mal sabia que minha vida estava prestes a mudar. Foi quando, saindo de uma aula de dança, o inevitável aconteceu. Eu desconectara do meu corpo e do mundo que me rodeava.

Acreditem ou não, eu atropelei um ônibus com a cabeça dura que tenho.

Era adolescente na época e, com toda energia e impulsividade (inundada com dopamina), estava atravessando em local proibido, apesar de ser comum na época; em cima de um canteiro na via principal de Juiz de Fora, me encontrava na altura do veículo que, segundo informações, estava em alta velocidade e passou bem perto de mim.

Não me recordo de nada, apenas que acordei no CTI, amarrada, com fortes dores no corpo e na cabeça. Foi quando a enfermeira, tentando ser simpática, me disse que eu havia dado prejuízo a meu pai, pois havia quebrado o para-brisa, o para-choque e o retrovisor de um ônibus que se deslocava para um local em que seria o show de uma banda famosa de rock nacional. Imagine o susto dessas pessoas.

Achei que fosse brincadeira, mas logo me informaram que eu havia sofrido um traumatismo craniano e fraturado três vértebras cervicais. Inusitado, o fato foi noticiado no jornal local, na página policial. Disseram que eu havia renascido, confirmando as palavras do médico, que ainda ressaltou que eu havia ganhado uma nova data de nascimento, apesar da possibilidade de ficar paralisada.

Naquele momento, minha preocupação maior era de não mais poder dançar, já que a dança era minha maior paixão. Senti na pele o que era ficar imóvel por semanas, ou seja, o que era estar desconectada. Não sentia o meu corpo. Perdi a sensibilidade e parte dos movimentos. Fiquei incapacitada e limitada, perdendo a liberdade de ação, como se meus músculos e neurônios estivessem dormindo.

Uma nova realidade se mostrava à minha frente, me fazendo olhar para dentro de mim mesma. Reavaliei meu comportamento, meus hábitos e até mesmo minhas crenças. Como não ter a fé abalada correndo o risco de, no auge dos 14 anos, ficar sem movimento?

Não sabia na época, mas desse acontecimento germinou o Método Neuroprodutividade Funcional, que precisou amadurecer 30 anos para hoje ser compartilhado.

O que aconteceu com aquela garota que atropelou o ônibus? Anos depois, ela se tornou fisioterapeuta e docente na área neurológica. Há mais de 20 anos estudo neurociência e desenvolvimento pessoal, o que gerou um doutorado na área. Em busca de respostas, me tornei uma eterna aprendiz no assunto, procurando entender até hoje a complexidade das conexões neurais, relacionando-as às digitais, nas redes virtuais, interferindo nas situações reais de nossas vidas.

Você sabe o que acontece quando existem várias páginas abertas de um computador? Ou melhor, quando há excesso de informação? Na linguagem atual, segundo meu filho, ele "buga", ou seja, trava completamente.

E o que falar do excesso de atividades que geram estresse e ansiedade, como essa nova forma de trabalho, *home office*, em que temos que dar conta do trabalho *online*, aulas remotas dos filhos, afazeres da casa? Vivemos sob pressão por todos os lados.

Podemos observar prejuízos tanto na vida pessoal quanto na profissional, quando adoecemos ou nos deparamos com a depressão e medos das perdas, ocasionando redução da motivação, da disposição e da energia para avançar nas tarefas, refletindo assim na produtividade, fazendo cair a qualidade do trabalho e, consequentemente, o rendimento profissional.

Hoje, com a pandemia, o crescente número de falência e desemprego nos faz refletir sobre como esses danos refletem no físico, mental e emocional, gerando a necessidade da reabilitação da produtividade, em todos os âmbitos de vida, incluindo o meio coorporativo.

Eu estava, há quase 30 anos, paralisada, com fraqueza e dor. E precisei de força, coragem e disposição para me levantar e voltar a produzir em todos os aspectos de minha vida. Aos poucos fui ganhando energia e motivação, reconectando-me com cada parte de meu corpo, músculos, articulações, nervos e, mais importante, aprendendo a ter paciência e resiliência, apesar da resistência da vida em tentar tirar minha alegria.

Parecia um bebê voltando a sentar e a ficar de pé, e me lembro até hoje da minha alegria ao caminhar no corredor daquele hospital. E olha que interessante, fiquei exatamente no mesmo hospital onde aquele presidente precisou operar após um homem o atacar.

Relacionando minha história com o método proposto, partimos para o primeiro passo que, como na reabilitação, precisamos "fechar" o diagnóstico, neste caso, esse diagnóstico estará envolvido com a produtividade. Então, para que identifiquemos os problemas principais e consigamos reabilitá-los, são necessárias observações sobre as grandes áreas da vida (pessoal e profissional), em que a produtividade possa estar sendo bloqueada.

Em seguida, avaliamos e mapeamos seus vilões externos, tais como excesso de tarefas, excesso de informação e ruídos na comunicação que podem acarretar diversos problemas, na vida pessoal ou laboral.

Ainda avaliamos os vilões internos, identificados como problemas principais, que podem se apresentar como vitimização, autossabotagem, procrastinação ou até mesmo não saber se posicionar, ser dominado pela ansiedade, ter medo da rejeição, ser controlador e falta de foco; tudo isso pode fazer parte dessa quadrilha improdutiva, o que favorece o decaimento do rendimento e, assim, se faz necessária a investigação da dor, que neste caso pode estar caracterizada como crença limitante ou como um medo específico, invisível.

Ainda sobre a avaliação, investigamos a força, seja ela fraca ou forte, que neste caso é representada pela desmotivação/motivação.

Quanto à presença ou não de movimento, que, neste caso, em relação à produtividade, é representada pela paralisia frente à vida, pela procrastinação ou até mesmo pelo excesso de movimento, observado pela impulsividade/ansiedade, que também faz parte da quadrilha dos vilões da produtividade.

Ou seja, a ausência ou o excesso das funções de uma unidade, neste caso corporativa, pode prejudicar a produtividade; em uma empresa, com vários setores e hierarquias, se houver um desequilíbrio na qualidade das funções de seus funcionários e/ou líderes, ocorrerá uma diminuição do rendimento total, o que vai gerar prejuízos para o empresário e seus colaboradores.

Depois de muito esforço, após ficar de pé, voltei a andar. E depois de ter passado pela etapa inicial aqui já mencionada, passando pelo autodiagnóstico (percepção, observação e avaliação), em todas as áreas, consegui ganhar independência e produtividade por meio da funcionalidade, com treinos diários e repetitivos, sempre com apoio dos profissionais da área de reabilitação que, por sua vez, se apoiavam na neurociência.

O que me remete comparar o sistema nervoso com o sistema da vida, levando para o mundo corporativo essa analogia, pois somos como os neurônios, já que precisamos interagir com as pessoas e situações para que criemos sinapses (conexões). Ou seja, para que haja qualidade na produtividade, é necessária a cooperação entre os funcionários e entre os funcionários e seus líderes, mas se estiverem sobrecarregados, podem "embotar", ou seja, "bugar", como acontece com as células nervosas, quando há excesso de conexões e não respondem mais como antes, tornando o corpo fraco e com pouco movimento; assim, isso também pode ocorrer numa grande empresa, ao ver seus funcionários travados, com medo de avançar, desmotivados e até desanimados.

Então, num segundo momento, o *autotreinamento* é necessário após a identificação do problema, assim como na reabilitação, como aconteceu comigo no tratamento em questão. Após o diagnóstico, passei para a segunda etapa, que representa o tratamento, recuperando o movimento, a força, com o alívio da dor que insistia em ficar.

Com isso, recuperei o ânimo, a motivação em minha atividade, que voltou com produtividade e funcionalidade.

O mesmo pode ocorrer numa empresa, se vista como um ser que precisa ser reabilitado, identificando os bloqueios que podem trazer graves problemas e até mesmo adoecer.

Ou seja, observar, avaliar e identificar as áreas e setores que precisam de treinamento, por meio de ferramentas que visam aliviar a dor, equilibrar o movimento e a força.

Pensando nos colaboradores como neurônios que precisam melhorar e recuperar a conexão, identificadas suas dores, que precisam ser sanadas, sugerimos ferramentas as quais facilitam o acesso à origem desses medos e crenças, como a meditação diária, já fundamentada e comprovada, associada à Programação Neurolinguística e terapias integrativas, que facilitarão esse processo com precisão e sucesso.

Quanto ao ganho de movimento e força, nada melhor do que exercícios de treino mental e exercícios com base na inteligência emocional, os que vão gerar reconexão de forma equilibrada e, assim, a transformação da procrastinação em motivação.

Em casos em que a impulsividade compete com a qualidade na produtividade, podemos treinar com exercícios físicos, meditação e treino de foco.

Ao final, quando nos deparamos com a terceira etapa, a *autotransformação*, para que o treinamento tenha obtido resultado, seja consolidado, é preciso que ocorram mudanças de hábitos e comportamentos, pois assim como os neurônios e músculos, precisam de tempo e de repetição para que a plasticidade aconteça, ou seja, sejam modificados.

No meu caso, me vi recuperada e transformada, quando não somente andava, mas nadava e dançava; assim, de forma ainda mais integrada e conectada, avancei em minha jornada, após a grande desconexão.

Na vida profissional, você saberá que ocorreu a grande mudança quando reconectar com sua criança e recuperar sua alegria, você tornará ativo o quarteto da felicidade, quatro hormônios que, quando estão em equilíbrio, resultarão em sucesso e alta *performance*, gerando alta produtividade, ambos também resultados do autotreinamento.

Quando você não mais procrastinar, conseguir entregar o relatório no prazo estipulado e, o melhor, sentir satisfação com emoção, será presenteado com uma dose extra de dopamina (integrante do quarteto acima), que será liberada após atingir suas metas, o que vai causar uma sensação de felicidade e motivá-lo a ser ainda mais produtivo.

Ou quando você, ao acordar, se sentir motivado e determinado a desativar os vilões da produtividade, que roubam a qualidade, como por exemplo excesso de redes sociais, resultando em horas no tempo que poderá ser destinado a tarefas mais motivacionais e funcionais.

Ao se tornar mais equilibrado, conseguirá por meio dos instrumentos de organização física e mental se tornar mais funcional. Com esse método realizado, todos sairão mais engajados, o que será externado em termos de qualidade e rendimento pessoal e profissional.

Para finalizar, gostaria de compartilhar que, naquele ano de 1992, não só me recuperei, mas me tornei destaque na dança, me reconectando com a minha criança, que não perdia a esperança de poder avançar e continuar a caminhar.

Continuei me aprimorando, com base nesse método, me tornando todo dia minha melhor versão, me reconectando e transformando, avançando rumo a uma caminhada mais autoconsciente, pela *neuroprodutividade funcional*. Acredito que essa fórmula, que vivencio, é a fonte para quem busca alta *performance*, seja na vida ou no trabalho.

7

"REALIZADORISMO": A MAGIA DE FAZER ACONTECER!

Este capítulo trata a respeito do fazer acontecer. Como atingir seus objetivos, seus sonhos. Como tornar-se um realizador.

MARCIO ZEPPELINI

Marcio Zeppelini

Empresário, empreendedor social e realizador. Há mais de 30 anos montou seu primeiro negócio e não parou mais de #FazerAcontecer. Organizou mais de 1.500 eventos como presidente da Rede Filantropia e publicou mais de 200 mil páginas como diretor-executivo da Zeppelini Editorial.

Contatos
www.marciozeppelini.com.br
Instagram: @marciozeppelini
LinkedIn: www.linkedin.com/in/marcio-zeppelini-7a076744/
11 99653-7601

Será um tipo de magia? Será talento? Ou simplesmente sorte? A verdade é que existem pessoas que "realizam" mais que outras. Vendem mais, aprendem mais, se divertem mais, ganham mais dinheiro. Nos negócios, as coisas acontecem mais rapidamente; nas artes, a fama bate à porta delas. No esporte, os rivais parecem mais fracos e a vitória anda lado a lado. Algo têm em comum esses seres humanos que mais parecem fontes de pura energia e luz, dotados de uma magia que faz com que, para eles, as coisas deem sempre certo.

Há quem diga que "nasceram com a bunda virada para a lua"; mas, é como Freddie Mercury cantava em *"A Kind of Magic": one dream, one soul, one prize, one goal.*

Colocando em uma ordem mais assertiva: um sonho, uma alma, uma meta... um prêmio.

Sonhar é o berço de tudo, o princípio do "realizadorismo", da evolução, do sucesso. Aquele que não sonha, não constrói, não busca e, consequentemente, não conquista. É justamente a partir dos sonhos mais insanos e, às vezes, intangíveis e inatingíveis, que damos asas à nossa criatividade. Com elas, voamos aos lugares menos inóspitos e factíveis com nossa realidade. O crescimento se dá justamente a partir da concepção do sonho, da vontade, do querer. Nada é por acaso.

Com o sonho formado, o embrião do "realizadorismo" começa a se desenvolver. O combustível da vontade se transforma no sangue da necessidade de querer fazer acontecer, de ter mais aquele troféu em sua estante, já bastante ocupada por inúmeras conquistas: pequenas ou gigantescas, brilhantes e reluzentes ou arranhadas pelo tempo – ou por aqueles que confundem trabalho e conquista com mero oportunismo ou sorte grande.

O embrião tem fome. Fome de motivos e argumentos que justifiquem o esforço de subir cada degrau em direção ao grande objetivo. Por que estou fazendo isso? O que vou ganhar com isso? O que vou perder se eu desistir? Quais benefícios terei durante o processo de conquista? Quais dores vou curar?

Motivação é o **motivo** para a **ação**. Se não houver respostas para todas essas perguntas, você não sai do sofá nem para pegar o controle remoto da televisão. Há de haver plausibilidade nessas justificativas para que sua mente passe a criar energia para você se mover e começar a se mexer.

Você certamente já ouviu falar do Caminho de Santiago de Compostela. São 800 quilômetros que cruzam os Pirineus, da França à Espanha. Os peregrinos que fazem esse trajeto – a pé ou de bicicleta – por semanas a fio têm motivos diversos: fé, energia, condicionamento físico, experiência de vida, encontro consigo mesmo... enfim, são diferentes as motivações que levam um ser humano a ficar distantes de casa por cerca de quatro semanas, com pouquíssimo luxo, quase nada de objetos pessoais, andando de sol a sol por exaustivas horas.

Lembra-se das perguntas de alguns parágrafos acima?

- Por que estou fazendo isso?
- O que vou ganhar com isso?
- O que vou perder se eu desistir?
- Quais benefícios terei durante o processo de conquista?
- Quais dores vou curar?

O Caminho de Santiago é o ícone maior do "realizadorismo" – neologismo que criei com o propósito de mostrar que o empreendedorismo está muito além das paredes de um negócio, de uma empresa. "Realizadorismo" é a magia de fazer acontecer – a partir de um sonho – qualquer objetivo que se deseje.

Em meados de 2012, tive a infelicidade de ser excluído de um grande projeto que havia sonhado, inspirado e concebido alguns anos antes. Apesar do relativo sucesso do empreendimento, não tive a perspicácia de tecer nós firmes nas relações, a ponto de cair de cima de meu próprio cavalo e ficar só com as histórias para contar.

No turbilhão da desilusão, eis que pinta a estrelinha do sonho, do querer. Dois anos depois, eu e minha equipe estávamos diante de um público – ainda singelo, mas promissor – abrindo o que mais tarde se tornaria o maior evento voltado à gestão de organizações sociais do Brasil: o FIFE – Fórum Interamericano de Filantropia Estratégica.

Hoje, sete anos mais tarde, já realizamos oito edições do evento, totalizando mais de 5.000 espectadores. São 5 mil vidas diretamente influenciadas somente nessa realização.

Você precisa de recursos

Para fazer um bolo de chocolate, são necessários diversos ingredientes: farinha, açúcar, ovos, leite, fermento, chocolate, entre outros. E, também, alguns utensílios são importantes: a forma, a colher de pau, a espátula, o forno, o gás.

Assim, temos todos os recursos para daqui a algumas horinhas estarmos nos deliciando com um saboroso bolo, tomando um café quentinho, certo? Errado. Há mais ingredientes – recursos – necessários para tal vontade se tornar real.

São os recursos intangíveis. Tempo, disposição, habilidade, experiência, criatividade, relacionamento e motivação são alguns dos ingredientes importantíssimos para fazer acontecer a transformação de produtos de pouco sabor individual naquela sápida iguaria.

E por que isso é uma espécie de magia?

Quanto maior o número de recursos intangíveis disponíveis, maior a capacidade de explorar suas capacidades físicas e intelectuais, mais você consegue realizar SEM necessariamente ter os recursos tangíveis.

Como assim? Consigo fazer um bolo de chocolate sem a forma, o forno ou o chocolate?

Consegue. Usando a criatividade, a comunicabilidade, o relacionamento, a experiência, o tempo. Tudo se torna tangível nos recursos que você necessita naquele momento.

Mágica? Talvez.

Jorge Paulo Lemann, um dos homens mais ricos do Brasil, possuidor de uma fortuna pouco maior que 10 bilhões de dólares, tem em sua biografia algo que poucos sabem. Dentre seus momentos mais difíceis durante a trajetória empresarial, Lemann faliu aos 26 anos de idade. Do zero aos 10 bi, conseguiu se reerguer usando somente suas habilidades – recursos intangíveis que o levaram ao sucesso.

Em minhas aventuras empresariais, criei meu primeiro CNPJ aos 17 anos – e, assim, como Lemann, também senti o cheiro e o sabor amargo da falência aos 20 anos.

Essa aparente derrota tornou-se, num futuro não tão distante, um de meus maiores talismãs, pois descobri diversas ferramentas intangíveis que os bancos não me tomaram, nem tampouco os fornecedores levaram com seus créditos, aos quais dei quitação total pouco tempo depois.

A melhor "cereja do bolo" quem come é quem sabe onde ela está escondida. Assim, autor de meu próprio fracasso na primeira empresa, eu tinha o caminho traçado para onde NÃO deveria seguir. Abusando de dotes que aprendi durante essa jornada toda, com ou sem comemorações, pude reconstruir um castelo, não mais de areia, para aprender a respirar um ar de céu mais límpido.

O relacionamento como chave-mestra

Um bom mecânico tem sempre aquela ferramenta predileta. Pode perceber que ela certamente é uma chave multiuso que abre diversos tipos de parafusos e que já resolveu centenas de impasses em seus consertos.

Então, todo realizador também deve andar com sua chave-mestra no bolso: o relacionamento.

Nada é mais poderoso do que transitar entre pessoas de diferentes profissões, culturas, padrões econômicos e sociais, e aprender com elas.

Se ali atrás, quando nosso sonho era o de assar um bolo de chocolate e nos faltava a forma, um sábio mineiro se lançava a fazer uma mágica dobradura com uma folha de bananeira para usar de forma.

Já aquela sua tia de origem ítalo-portuguesa facilmente daria alguma porção de alfarroba para substituir o chocolate. E pergunte a um gaúcho carreteiro se ele consegue assar o bolo em uma fogueira.

É mágica? Nem tanto.

Relacionamento é tudo. É aquela máxima de que "não é preciso saber de tudo, mas ter o *WhatsApp* de quem saiba!". Não se faz nenhum projeto sozinho, por mais individual que ele seja. Sempre há alguém com ideias diferentes e experiências exitosas (ou não) que podem contribuir com sua meta. Compartilhar seus devaneios é algo sublime.

Lembre-se sempre de que o relacionamento é uma via de mão dupla. Não se pode querer algo sem dar algo em troca. É a lei da reciprocidade, natural dos seres vivos. Portanto, para que seu projeto se torne interessante, é absolutamente necessário que você se interesse pelos projetos de seu interlocutor. Como já dizia um grande amigo e consultor empresarial, René Steuer (*in memoriam*): "Quem pede dinheiro, recebe conselho. Quem pede conselho, recebe investimento".

Há quem diga que o relacionamento é algo de mera ocupação social ou, quando muito, de necessidade profissional. Eu discordo. Considero que os relacionamentos são experiências que desenvolvem a humanidade e fazem resplandecer os mais nobres sentimentos entre dois ou mais seres. É nessa troca de energia que os fatos são consumados e, consequentemente, as coisas acontecem. Portanto, é natural que um realizador nato faça questão de relacionar-se com muitas pessoas. Ele sabe o quão importante cada carta desse baralho será para o "jogo da vida" dele.

Eu tenho relacionamento próximo com cerca de 3 mil pessoas. "Próximo", nesse caso, significa: eu me importo com elas, eu me lembro delas, faço com que elas se lembrem de mim. Isso não é rede social. Não é *spam*.

Relacionamento é se interessar pelo universo delas. Perguntar dos filhos, da última viagem, do familiar que estava adoentado. É dar "feliz aniversário" e tirar sarro – com respeito – da derrota do seu time de futebol. É estar PRESENTE na vida delas, ainda que algumas poucas vezes por ano.

Somente com essa chama acesa, você poderá dizer que se relaciona com alguém. Não é porque alguém viu uma palestra minha, me segue no Instagram ou lê meus textos que posso dizer que tenho relacionamento com essa pessoa. Entenda a diferença. No marketing, isso se chama apenas de *LEADS*. Um dia, eles podem ser uma carta de seu baralho. Quem sabe um Zap ou uma Espadilha.

Ter medo faz parte do jogo

Por fim, quero falar sobre algo muito positivo no cotidiano de um realizador: o MEDO.

Sim, somente o medo de quem empreende – o medo de errar, o de fracassar, o de perder dinheiro, o de se passar por ridículo, o de ninguém comparecer ao seu evento – é que faz o sucesso de uma empreitada.

PAVOR é outra coisa. Você pode entrar no mar para nadar ou para surfar com medo dele. Aliás, é importante ter medo – e respeito – pelo mar. Mas não molhará os seus pés se o que domina você é o pavor do mar. São coisas bem distintas.

O medo faz você pensar e dosar os riscos que está correndo e, com isso, buscar profilaxias e remédios que não o façam fracassar. O medo fará você buscar mais segurança nos passos para atingir aquilo que deseja. O medo fará você refletir sobre caminhos alternativos – às vezes mais longos, mas mais seguros – que o levarão ao mesmo lugar.

Sempre digo que você só pode ser pessimista na fase do planejamento. Ao planejar cada "realizadorismo" com uma dose de receio, você passa a ser pessimista e, nesse caso, como eu disse, é salutar. Pensando em tudo que pode dar errado, cria planos B, C, D.

Daí, quando já traçou os planos B, C e D, estará bem mais seguro de seguir em frente pelo plano A. Na maioria das vezes, os demais planos serão descartados, pois se preparou suficientemente bem. Lei de Murphy: basta estar com o estepe em dia para que nenhum pneu fure.

Então, meus caros leitores, não é magia. É uma arte. É o preparo. É a disposição. É arregaçar as mangas e **#FazerAcontecer**!

Bem-vindos à era do realizadorismo!

8

CONFLITO ZERO

Neste capítulo, os líderes encontrarão estratégias para montar equipes zeradas em conflitos. Ao aplicar a inteligência social e emocional, o líder percebe que somos seres emocionais inseridos em um contexto sistêmico grupal e organizacional. Conexão essa que, aliada à comunicação, marcha a passos largos à solução de conflitos.

MARIVEL DUNCAN

Marivel Duncan

Servidora da Justiça Federal, pós-graduada em Direito e Programação Neurolinguística. Há 20 anos, atua como *master trainer* em NLP, líder *coach*, treinadora no Brasil e EUA, *master* terapeuta em TLT, psicologia positiva (EUPPA), colaboradora do Instituto Gente. Criadora do método Conflito Zero.

Contatos
www.marivelduncan.com
www.conscienciaavatar.com
marivelduncan@msn.com
Instagram: @marivelduncan
Facebook: Marivel Duncan
YouTube: Marivel Duncan
LinkedIn: Marivel Duncan

Deixe o barro secar

Havia uma linda menina de cabelos ruivos e cacheados. Chegou o dia de seu aniversário de nove anos e sua mãe a presenteou com um lindo vestido bege clarinho com fitas vermelhas e mangas fofas. O primeiro domingo após seu aniversário foi o dia que ela escolheu para usar o sonhado vestido, em um lindo passeio com sua avó. Enquanto estavam caminhando, um carro passou por uma poça de lama, espirrando barro no vestido novo da menina.

A menina olhou atônita para a avó e disse que teria que fazer alguma coisa. Então a avó disse: *deixe o barro secar*. Se for limpar o barro molhado, vai virar um lamaçal, vai piorar, então espere secar. Após secar, é só passar a mão e retirar o barro.

Diante do conselho da anciã, a menina percebeu sua angústia de querer resolver rapidamente o problema e o de acatar a sábia reflexão de sua avó.

Muitas vezes nos deixamos tomar pela impetuosidade e damos o comando das nossas decisões para a emoção, complicando ainda mais a situação. Se antes de agir por impulso respirássemos fundo e analisássemos outros caminhos, poderíamos encontrar soluções mais assertivas. Como nesse caso do vestido, em que depois era só o caso de passar a mão, retirar a poeira do barro seco e tudo voltaria ao seu ponto de equilíbrio.

Profissional com potencial que não gera resultados

O conflito faz parte da vida. Quem não tem conflitos? Eles representam o encontro com as falhas, algo não está fluindo como deveria e, de repente, enguiça.

Quantos de nós possuímos um conflito que não se resolve há dias, há meses e até décadas?

Quantos de nós fingimos para o mundo que não possuímos um conflito. Pior mesmo do que ter conflitos é fingir que não tem e achar que tudo vai terminar bem.

Quando não conseguimos lidar com nossos problemas, perdemos *performance* em todas as áreas da vida. Um divórcio não ocorre apenas no âmbito familiar. É capaz de impactar na saúde, no bem-estar, na carreira, nos estudos, na vida profissional.

Mas os conflitos interpessoais são reflexos dos conflitos internos. É muito triste ver um profissional com potencial de alta *performance* não gerar resultados porque duvida de si mesmo e não se relaciona bem com seus colaboradores.

Roberto Bolton afirma que 80% das pessoas que falham em seus empregos cometem esses erros por não conseguirem estabelecer boas relações. Não basta ser um profissional PhD, é preciso ter inteligência social para gerenciar suas emoções e manter relacionamentos positivos.

Os conflitos não consistem apenas em interpretarmos mal o que foi dito, é pior que isso. Talvez nos sintamos solitários, tristes, desesperados, ansiosos, com problemas familiares, financeiros, com alguma doença ou até estressados psíquica, emocional e fisicamente.

Perda do contato pessoal

Quando se fala em "conflitologia", a gente sabe que falta diálogo entre as pessoas. Por isso a ponta do *iceberg* são as críticas, os julgamentos, as interpretações e, por fim, o distanciamento entre as pessoas. Mas a causa raiz está na perda do contato pessoal. Em uma pesquisa da Universidade de Stanford, Norman Nie e Sunchine Hillygus descobriram que a cada hora no uso da internet perde-se o contato pessoal com outros seres humanos em meia hora. Quanto mais tempo dedicamos ao computador, menos tempo nos interessamos pela nossa família e amigos.

A perda desse contato gera perda na capacidade de ler as expressões faciais, os sentimentos de um gesto e a linguagem do corpo. São habilidades sociais que se solidificam com o treino da leitura que se faz quando outra pessoa se comunica de forma não verbal. Essa troca de mensagens que acontece de forma abundante com o contato pessoal é importante para o relacionamento.

Por isso na resolução de conflitos nos relacionamentos não existe acordo, existe comunicação. A comunicação é a chave para os relacionamentos, assim como os batimentos cardíacos são para a vida.

Quando não se treinam as habilidades sociais, os circuitos cerebrais responsáveis e reguladores dessas habilidades se debilitam. A consequência posterior são as interações sociais começarem a ficar embaraçosas. Um ambiente com poucas interações sociais ou desconexão é um sinal de alerta para o surgimento de julgamentos, críticas, más interpretações, falta de habilidades para ler a mensagem não verbal, até se tornar um conflito. O psicólogo Marshall B. Rosenberg, especialista em psicologia social, responsável pelo estudo da técnica da comunicação não violenta, escreve o seguinte no seu livro: "Julgamentos, críticas, diagnósticos e interpretações dos outros são expressões alienadas de nossas próprias necessidades e valores. Quando os outros ouvem críticas, tendem a investir sua energia na autodefesa ou no contra-ataque. Quanto mais diretamente pudermos conectar nossos sentimentos a nossas necessidades, mais fácil será para os outros reagirem compassivamente".

As interações sociais e o sistema

No ano em que completei 14 anos, comecei a fazer um curso de teatro que durou um ano, projeto teatro-escola, a turma era composta de uns quinze estudantes. À medida que as aulas avançavam no auditório do Instituto de Educação (RJ), fui conhecendo as partes de um palco. Descobri o que era uma coxia, formas de se posicionar no palco, história do teatro, tudo muito técnico até começar a aprender a entrar em uma emoção e sair. Enquanto isso acontecia, os colegas precisavam identificar pelas expressões corporais e faciais qual era a emoção e qual mensagem estávamos transmitindo.

Foi extraordinária essa experiência. Em setembro daquele ano, minha irmã caçula nasceu e precisava de muitos cuidados, o que mudou toda a dinâmica de interações na minha casa. Éramos duas irmãs com um ano de diferença e passamos a ser três. Além da mudança no sistema familiar e suas respectivas interações, eu estava iniciando a adolescência. O teatro foi a válvula de escape para expressar tudo que sentia. Às vezes passamos por uma experiência nova e perdemos alguns pontos de referência. Os eventos continuam acontecendo na vida e, se estamos em fase de transição, a história sinaliza mudanças, os eventos da vida são compostos pela presença de pessoas. A carga emocional acontece e nem sempre é fácil expressá-la. É justo nessas fases que a pessoa se fecha, e para o adolescente isso é recorrente, mas não foi assim comigo.

Conflito Zero

A folha é o símbolo do desapego das causas que nos ligam ao sofrimento. Segundo Krishnamurti, sobre conflitos: "O sofrimento continuará a existir até que você tenha eliminado de si mesmo as causas que produzem paixão, cobiça e impiedade. Tenha paz e compaixão no coração e você descobrirá a resposta para a sua pergunta". Desapegar é um ato de desintegrar, soltar, como a folha da árvore que utiliza todo o seu tempo e cai ao amadurecer. Assim como a árvore que continua mantendo seu tronco firme com seus galhos, também permanecemos vivos e ainda mais fortes ao nos renovarmos das amarras que nos ligam ao sofrimento.

Desapegar das raízes do conflito é fundamental para começar a solucioná-lo. Geralmente esse apego ocorre em pontos de vista muito fixados em crenças ligadas a valores. Mas os valores podem ser mudados, assim como as crenças e pontos de vista. Quando admitimos possibilidades, uma mágica acontece e começamos a solucionar questões. O novo é uma possibilidade ou várias. As folhas novas das árvores são realmente muitas. Novo ciclo de ideias, de valores, de folhas. O velho ciclo se foi. O novo nos fortalece e nos transformamos em seres humanos zerados. Nem sempre todas as folhas caem, algumas ainda permanecem e vão se ajustando àquelas que chegam. Mas é suficiente para a seiva circular por toda a árvore. Imaginemos pequenos desapegos já favorecendo nossas vidas e nos tornando plenos como as árvores após um ciclo de mudanças. Conflito Zero.

Equipes altamente conectadas

> *Os homens acreditam ser livres porque são conscientes de seus atos, mas inconscientes das causas que determinam esses atos.*
> Baruch Spinoza, *Ética*

O que faz a equipe prosperar e atingir seus resultados não é o quanto ela está capacitada em seus títulos e graduações. É a habilidade que cada um possui de se conectar e de conectar com outros.

A conexão não é somente dar bom-dia e boa-tarde e perguntar como foi o fim de semana, mas é trabalhar firme na consciência e eliminar os maus bastidores das críticas e dos julgamentos. O que cada um pensa interfere na equipe como um sistema. O líder não é capaz de ler os pensamentos, mas pode chegar bem próximo de conhecer seus associados.

A capacidade de estabelecer vínculos é o que nos torna sobreviventes. Imaginem há milhões de anos quando fazíamos parte de um grupo para receber proteção, abrigo e alimentação. O conceito binário: lutar (conflitar) ou fugir (evitar o conflito) nos impulsionou para essa sobrevivência. Mas por baixo dessa lei da vida existia a fragilidade, sinalizadora para estabelecer relações regadas de conexão e habilidades sociais para não sermos expulsos do grupo.

Nas equipes corporativas, conhecemos hoje a lei da sobrevivência no mundo V.U.C.A. (Volatilidade, Incerteza, Complexidade e Ambiguidade), que faz evidenciar a fragilidade do indivíduo dentro da dualidade. Equipes são compostas de pessoas. Pessoas com incompetências e inabilidades em determinadas áreas, com incertezas e medos. Por outro lado, possuem talentos, recursos internos, habilidades natas e aprendidas, mas nada se iguala ao equilíbrio emocional.

Cada um possui aspectos próprios que contribuem com sua equipe. Cabe ao líder identificar as qualidades adequadas à sua meta. O vínculo bem-feito entre o líder e sua equipe é o que vai determinar a consecução de metas. O alcance dessa consecução será pleno de bem-estar e realização de cada um.

Quando o líder percebe a fragilidade de cada membro de sua equipe, pode ser o início de uma conexão forte.

Perguntas certas que o líder pode fazer para gerar conexão profunda:
O que faz você deixar tudo o que está fazendo para priorizar uma solução?
Qual foi a grande decisão da sua vida até o momento?
O que faz você pular da cama rapidamente?
De quais metas atingidas você sente orgulho?
O que você gostaria que fosse escrito em sua lápide?

Habilidades sociais

Pesquisa de 75 anos da Universidade de Harvard revela que o ingrediente para a felicidade é ter relacionamentos próximos e íntimos. Esse é o segredo para a vida plena no desenvolvimento do adulto.

Interpretação: ter relacionamentos próximos e íntimos vai depender do tamanho da conexão estabelecida, bem como do nível de habilidades sociais e equilíbrio emocional, o que seria vivenciar relacionamentos basicamente sem conflitos.

"Boas relações nos mantêm mais felizes e saudáveis."

Interpretação: bons relacionamentos significam ter um cérebro mais saudável e um sistema nervoso relaxado. Menos dores emocionais e físicas. Como diz minha colega escritora, Lu Cardoso: "A produtividade está diretamente relacionada à capacidade funcional, pois, com o equilíbrio de todas as funções (física, mental e emocional), garantidas, produzimos mais e melhor".

Quando se investe no relacionamento, ocorre o estado de presença gerador da conexão e produtor de energia. Em outras palavras, tenha bons relacionamentos, zere seus conflitos, tenha mais saúde e energia, que facilmente aumentará a produtividade.

Atitudes simples de um líder para desenvolver habilidades sociais:

- Abaixe o tom de voz, transforme o conflito em conversa.
- Acompanhe os movimentos corporais de cada um de sua equipe, aprenda a ler mentes.
- Quando iniciar falando de si mesmo, deve fazer duas perguntas, uma de cada vez, para que o colaborador se sinta visto.
- Quando alguém de sua equipe chegar atrasado, não pergunte: "Por que você chegou atrasado?" A pessoa vai querer justificar, surge conflito, desconecta e não se atinge o objetivo. Pergunte: "O que fez você chegar atrasado?" Assim, abre para um diálogo.

Pessoas com habilidades sociais são apontadas como líderes de forma recorrente, são promovidos, podem criar relações significativas com muitas pessoas.

Resiliência emocional

Lutar e fugir fazem parte da vida humana. Assim como nós humanos somos seres emocionais, fruto de processos adaptativos do meio que, ao longo de muitos anos, nos programaram para reagir rapidamente diante de eventos importantes para a nossa sobrevivência. Não fomos programados para viver em alta tensão quase 24 horas, com o hormônio do cortisol a todo vapor.

As emoções são relativamente novas no cérebro humano e não são propriedade exclusiva da nossa espécie. Com o desenvolvimento do homem, que foi se mostrando inteligente à medida que foi se adaptando, desenvolveu nos últimos séculos a inteligência cognitiva, emocional, espiritual, social, artificial e outras.

Todavia, as emoções começaram a ser estudadas após a década de 1970. Um importante livro foi o *Cérebro Emocional*, mostrando como são as nossas emoções e de que forma influenciam nossas vidas. Ao mesmo tempo, revela pesquisas da linha tênue entre o cérebro e as emoções.

Se somos seres emocionais vivendo em um mundo com muitas emoções, somos convocados diariamente a gerenciá-las. Por isso, quanto menos emoções, menor o gerenciamento. Emoções não gerenciadas são causas de conflitos não superados. O estresse emocional é fruto das ameaças e condições adversas constantes. As insatisfações persistentes enfraquecem o sistema imunológico, gerando enfermidades.

Quantas vezes você, líder, precisa administrar de outra forma sua equipe porque alguém adoeceu durante fases de estresse? O líder deve oportunizar treinamentos de como gerenciar as emoções, para que seu colaborador seja um ser humano resiliente emocionalmente, e assim responsável por si mesmo e com a equipe.

Para detectar se estamos com emoções passando do limite esperado em nossas vidas, faça o seguinte: relaxe em uma cadeira ou poltrona e recorde-se de um evento qualquer que seja desagradável, sinta se essa emoção é desagradável, fique por um minuto ou dois e retorne ao momento presente.

Toda vez que nos recordamos de um evento e sentimos uma emoção desagradável é sinal de que aquele episódio possui cargas emocionais que paralisam nossas vidas. Portanto, memórias com cargas emocionais desagradáveis são verdadeiros criadouros de conflitos internos.

Como se apresentam as emoções

Emoções fundamentais ou naturais são aquelas que aparecem ao nascermos. Como o próprio nome diz, são naturais: raiva, tristeza, medo, alegria, afeto, prazer e entusiasmo.

Quando não conseguimos expressar as emoções naturais, principalmente em razão das regras familiares e sociais que optamos em estabelecer ao sairmos da condição de vida nômade para as primeiras vilas e cidades, nós não as expressamos como deveríamos. Seguramos e, por fim, substituímos por outras não fundamentais, mas que atendem às normas da sociedade, familiares e culturais. São estados emocionais e emoções como ansiedade, frustração, agressividade, solidão, mágoa, apatia, ciúme, orgulho, incerteza, insegurança, indiferença, ironia, posse, sentimentalismos e muitos outros. Quando não é possível demonstrar medo, sentimos ansiedade, por exemplo. Quando não é possível demonstrar raiva, sentimos irritação. Quando não é possível chorar, sentimos desânimo.

As emoções naturais são rápidas, não deixam registros. As emoções substitutas duram mais tempo, podem durar até décadas. São elas que alimentam os conflitos.

No sistema familiar, cabe aos pais permitir que seus filhos possam vivenciar suas emoções a partir do nascimento.

O adulto, conhecendo como ocorrem suas emoções, deve expressá-las quando são emoções naturais e desapegar de sua vida emocional intensa.

Cabe ao líder perceber qual é a vivência recorrente às emoções de seus colaboradores. Atendimento terapêutico individualizado é o mais apropriado para uma limpeza emocional.

Vida com Conflito Zero

Aqui o líder está diante de um modo de atuar em sua equipe que a maioria dos líderes deixou de lado – solucionar os conflitos o quanto antes.

Conflito Zero significa fazer algo para solucionar o que ficou paralisado e estagnado na equipe e na vida. Realizar o Conflito Zero é dar a chance de deixar ir embora o conflito, permitindo que conexões, habilidades sociais e resiliência emocional vivenciadas por cada indivíduo realizem seu trabalho de forma livre e responsável. Ao fazer isso, o líder vai substituir limitações de pensamentos, crenças, atitudes, ideias, sentimentos e valores por assertividade, produtividade, alta *performance* e equipes conectadas entre si e com cultura organizacional.

Referências

LE DOUX, Joseph. *O cérebro emocional – os misteriosos alicerces da vida emocional*. Tradução de Terezinha Batista dos Santos. 5. ed. Rio de Janeiro: Editora Objetiva, 1998.

ROSENBERG, Marshall. *Comunicação não-violenta. Técnicas para aprimorar relacionamentos pessoais e profissionais*. Tradução de Mário Vilela. 4. ed. São Paulo: Editora ÁGORA, 2006.

9

EMPREENDEDOR ZERO

Como começar a empreender sem entrar para as estatísticas de falências antes do primeiro ano de vida.

NANDO GASPAR

Nando Gaspar

Empreendedor desde muito cedo. É CEO da *Studio Doze Comunicação*: empresa de ambientação, fachadas e *design* visual; da *Studio Office*: rede de escritórios compartilhados e viruais; e idealizador da *Conexão Empreendedora*: movimento voluntário que já atingiu mais de 300 mil pessoas, cujo intuito é construir conexões com uma nova visão de *networking* sustentável. É formado em Publicidade com Especialização em Marketing e diversos outros cursos na área empreendedora. É conselheiro da Associação Comercial de São Paulo, da CONAJE (Confederação Nacional de Jovens Empresários) e do CAMP (Centro de Aprendizagem e Melhoramento Profissional). Mentor do Empreenda FAAP, SENAC, SEBRAE, Founder Institute e atual Coordenador do FJE (Fórum de Jovens Empreendedores). Atuou em agências de publicidade com estratégias de comunicação e durante anos gere comunidades e grupos de *networking*.

Contatos
nandogaspar@hotmail.com
Instagram: @nandogaspar
11 98283-1098

> *Você faz o que parece ser uma simples escolha: escolhe um homem/mulher, um trabalho, ou um bairro - e o que você escolheu não é uma pessoa, um trabalho, ou um bairro, mas uma vida.*
>
> Jessamyn West

Em média, uma pessoa comum faz 70 escolhas por dia, e 50% dessas escolhas são feitas em nove minutos ou menos, e somente 12% das decisões ou escolhas são feitas com 1 hora ou mais.

Falar sobre escolhas numa sociedade plural, em que cada vez mais o simples fato de fazê-las, pensar no que você conquistou, não significa uma vitória, mas o que de fato abriu mão.

Empreender é uma escolha (ou deveria ser). Determinamos nossas escolhas, certas ou erradas, com bases conscientes e inconscientes, por meio de influências externas e crenças que vão desde a cultura em que estamos inseridos, passando por religião, política, economia e o meio social. Portanto não há certo ou errado, existe o meio em que você vive atuando sobre a sua decisão, e o quão confortável se sentirá sobre ela e por quanto tempo.

Ter o poder de decisão ou de escolha é difícil, pois desde que nascemos não fomos ensinados a fazê-las. Afinal:

- Foi você que escolheu seu nome?
- Foi você que escolheu seu time de futebol?
- Foi você que escolheu sua escola?

Acredito que não!

Vivemos em uma sociedade na qual é permitido *talvez* opinar quando se torne jovem – *será esse um dos fatores de rebeldia na adolescência?* –; não nos é dado o poder da escolha na formação do nosso caráter dos 7 aos 14 anos de vida.

Podem até dizer: mas você não tinha conhecimento para fazer as escolhas nessa idade.

Quem disse?

Como fazer a escolha da faculdade/profissão ainda adolescente, se nunca tivemos a oportunidade de ter feito escolhas importantes antes? Ainda mais uma escolha tão impactante ao nosso destino?

Na faculdade, assim como na empresa, muitos se arrependem, quebram, fracassam, por não saberem o que querem, não terem clareza do próximo passo. Não decidiram o que queriam se tornar; muitas vezes foram influenciados pela família ou amigos.

Mas nem tudo está perdido, fique tranquilo(a)!

Não precisa ser só uma luz no fim do túnel, pode ser mais que isso.

Quando se inicia no mundo do empreendedorismo, para se ter clareza ou um norteador, pense naquilo que você quer se tornar (esqueça o dinheiro por um momento).

Pense no que quer. Pense para que quer. Afinal:

- Qual problema resolve?
- Qual sonho/desejo realiza?
- Quais necessidades supre por meio do seu produto/serviço?

Quando deixamos claras as necessidades acima, pontuamos ao nosso público (ou *persona*) como vamos nos comunicar, nos posicionar, prospectar, falar, argumentar, vender, entregar e nos relacionar com ele. Isso é o que difere as marcas *"top of mind"* das demais = posicionamento, e quem traz isso é a clareza do dono (sim, a sua clareza) em conhecer o que quer entregar ao mercado, qual é de fato a sua entrega.

Quando se é um pequeno empreendedor(a), tem-se um grande diferencial competitivo perante os grandes = poder de recalcular a rota brevemente, errar rápido e corrigir barato. Muitas vezes, sem que ninguém perceba, pois a inteligência (no caso dos pequenos, a agilidade) supera a força (no caso dos grandes *players*, o dinheiro). Para ajudá-lo nisso, gosto muito de compartilhar uma técnica chamada TACO:

- **T**écnica (mostre que entende do que faz e para que veio = o seu diferencial).
- **A**utoridade (comente e sempre saia à frente dos demais, isso é ser vanguardista, use as redes sociais a seu favor).
- **C**onteúdo (esteja sempre conectado com seu público e com as tendências para cocriar e inovar na comunicação ou entrega).

- **O**bjeção (sempre esteja pronto para superar as objeções durante o seu discurso, assim o cliente se sentirá mais seguro para dar o próximo passo = compra).

Por fim, tenha sempre em mente o CTA (*Call To Action*), chamada para ação. As pessoas gostam de se sentir provocadas e isso funciona e sempre funcionará.

Essa mistura de inovar no que ama fazer = empreendedorismo, trazendo uma mentalidade aberta e sempre pronta a novas tendências e conhecimentos = NSL, *Non-Stop Learning*, mais a criação de *networking* com conexões úteis, fará você trabalhar muito e ir para o próximo patamar. Sabemos que não existe almoço grátis, assim como não existe dinheiro fácil. Tudo é dedicação, estratégia e disciplina para alcançar os resultados que se espera.

Vou compartilhar um segredo contigo

Eu já fui bem gordinho, pesei 117 kg – e queria emagrecer 30 kg – para mim, parecia impossível, porém dividi o meu objetivo (30 kg) em minimetas de 1,5 kg/semana. Aí se tornou possível, por exemplo, tirar aquele bombom 30g da sobremesa que ajudaria a alcançá-la.

No começo, foi bem tranquilo, foram 2-3kg por semana, depois começou a dificuldade, muitas vezes pensei em desistir, e aí coloquei uma foto minha na porta da geladeira (daquelas que não gostamos de ver, sabe?) E isso foi o que me ajudou na etapa final. Além de muita gelatina e água.

Percebi então que tudo na vida é questão de planejamento e perspectiva. Hoje, você pode pensar que para ganhar dinheiro fazendo o que ama é difícil. Mas quando você planeja, distribui metas, delega e monitora, tudo fica mais tangível, perceptível e realizável.

Se é visual, invista em coisas que chamem sua atenção nesse monitoramento, de forma que esteja sempre no seu campo de visão.

Se é auditivo, troque experiências, metas, informação em áudios, reuniões ou da forma que fixe e deixe mais tangível o acompanhamento.

Mesmo se for sinestésico, anote, cole *post-it*, coisas que impactem seus sentidos e facilite sua habilidade.

Estar pronto é fundamental para o novo empreendedor; e pode se perguntar o motivo de tamanha comunicação para chegarmos até aqui; agora, entenderá por quê.

A disruptura

Neste cenário de pandemia, entramos num novo mundo, chamado BANI[1]. O acrônimo em inglês de *Brittle, Anxious, Nonlinear e Incomprehensible*, e aportuguesado para FANI (Frágil, Ansioso, Não linear e Incompreensível), é a evolução do Mundo VUCA (Volátil, Incerto, Complexo e Ambíguo, na tradução para o português). O conceito passou a ser usado especialmente para descrever o panorama pós-pandemia que acelerou a transformação digital, num cenário de incertezas, somado a todas as limitações do mundo físico, forçou um crescimento exponencial do mundo digital como caminho para encontrarmos novas e melhores soluções.

Para que serve: para empresas e pessoas entenderem e conseguirem reagir rapidamente a mudanças cada vez mais dinâmicas e voláteis.

Frágil

Sistemas frágeis são suscetíveis a falhas repentinas e catastróficas. Ao contrário de resilientes, são quebradiços. Esses sistemas são como o vidro de um celular, podem ser extremamente resistentes, mas quando quebram, não falham graciosamente, simplesmente quebram ou estilhaçam incontrolavelmente. No cotidiano empreendedor, esse risco se reflete na segurança alimentar, em empregos que podem ser perdidos do dia para a noite, em empresas que podem ruir a qualquer momento e em mudanças na lógica de mercado. O fato de vivermos em um mundo conectado faz com que fragilidades, que antes eram limitadas (regionais), repercutam em efeito cascata por todo o planeta — vide o coronavírus.

Ansioso

Como consequência, as *incertezas*, típicas do VUCA, aumentaram a tal ponto que se transformaram em uma **ansiedade** sem fim, uma sensação constante de impotência.

Hoje, a ansiedade está no nível mais alto de todos os tempos, e isso também não é uma novidade, assim como a depressão. Em um mundo ansioso, estamos constantemente no limite, esperando as próximas notícias ruins nos atingirem, ou a próxima distopia fictícia sendo apre-

---

[1] O termo BANI foi apresentado pelo antropólogo e futurologista norte-americano Jamais Cascio, em 2018, durante um evento no Institute For The Future (IFTF). Em abril de 2020, ele publicou um artigo no Medium intitulado *Facing the age of chaos,* em que destaca que vivemos uma era que rejeita a *estrutura* de forma intensa, quase violenta.

sentada como um caminho, não apenas possível, mas provável e com muita credibilidade.

Um mundo ansioso é aquele [...] onde todo dia apertamos F5 para atualizar as notícias e descobrir o próximo fato chocante.

Não linear

Em um sistema não linear normal, a causa e o efeito estão aparentemente desconectados, isto é, a melhora na qualidade de vida não acompanha a evolução exponencial da tecnologia. Às vezes, os dois (causa e efeito) apresentam um longo atraso entre eles – e pequenas ações tomadas, ou não, podem levar a impactos desproporcionais, exemplo: o "conceito de achatar a curva" é inerentemente uma guerra contra a não linearidade. A questão climática é outro problema não linear.

Os seres humanos hoje, em termos técnicos, são péssimos em qualquer planejamento de longo prazo, por isso agora e pelas próximas gerações temos que lidar com as mudanças cada vez mais drásticas; climáticas, pandêmicas e cíclicas.

Incompreensível

Estar vivo no século XXI é confiar em inúmeros sistemas complexos e incompreensíveis que afetam profundamente as nossas vidas. Ou você sabe me explicar como funciona o algoritmo do Facebook? E como a jornalista Quinn Norton apontou que "até mesmo um *desktop* do Windows é tão complexo que ninguém no mundo sabe realmente o que está acontecendo ali ou como".

Nunca tivemos tanto acesso a dados e informações, mas estamos em crise com nossa capacidade de analisar esses dados e transformar tudo isso em conhecimento e ações.

O BANI pode até parecer mais assustador que o VUCA, na primeira olhada, mas ele pode ser responsável por fazer com que nos busquemos no sentido de agir.

Ele traz consigo a *low touch economy* – e com ela uma nova forma de viver que perdurará, por isso chama-se "novo normal".

O *low touch economy* trouxe muitas mudanças no dia a dia, e quero que me diga:

- Seu trabalho é em *home office*?
- Suas compras são realizadas em *e-commerce*?

- Seu pedido de remédios é feito por um *chat* ou pelo *WhatsApp* da drogaria?
- Seu momento de lazer está em assistir a séries no *streaming?*
- Seu jantar é comprado pelo app do Ifood?
- As roupas novas você compra diretamente pelo Instagram?
- Anda assistindo webinars pelo Zoom?
- Sem contar os clubes de assinaturas de vinho, carne, cerveja...

Pare de pensar nas **limitações** que seu negócio sofre e comece a questionar como aproveitar a **tecnologia** disponível a seu favor.

Em TUDO dá para implementar inovação, seja em uma casa de bolos, brigadeiro da esquina da escola, num *coworking*, lojas, comércios e outros setores.

Neste novo mundo *Low Touch Economy*, o que se destaca é o de sempre: inovar, adaptar e descartar o que já não funciona mais.

- Portanto, inove sempre, não se acomode (e comunique essa inovação ao cliente);
- As mudanças, produtos/serviços devem vir de fora para dentro (ouça seu público);
- Busque transferir poder e responsabilidades (não centralize – delegue);
- Não tenha medo da tecnologia, ela é sua aliada;
- Ouça seu time;
- Veja as necessidades do mercado constantemente;
- Tenha comunicação empática/humanizada;
- Crie parcerias estratégicas com fornecedores de uma cadeia antes e depois.

No século passado, empreender era uma selva de pedras: olho x olho e dente x dente. Porém, hoje já não precisa mais ser assim, não há mais a necessidade de você ter concorrentes – enxergue-os como parceiros, sugira a troca de boas práticas, unam-se para fazer compras coletivas, ter poder de barganha, criar estratégias conjuntas para seu quarteirão, rua ou bairro, faça o que os grandes não fazem: use o bairrismo a seu favor, use o amor pela região a seu favor, fale com a Associação Comercial, com a subprefeitura local, seja o porta-voz de boas novas, cada vez mais as pessoas reconhecem e precisam de líderes/ incentivadores que agem em prol do bem coletivo.

Atualmente, o empreendedorismo destaca aqueles que fazem a diferença não só pelo seu produto ou serviço, até porque qualidade hoje já não é mais diferencial competitivo, qualidade é obrigação. Baseado em seus novos conhecimentos e sabendo que "tem poder quem AGE", provoco você a pensar e compartilhar comigo nas minhas redes quais ações provocará no seu ecossistema.

Crise não é um empecilho, mas uma oportunidade para se reinventar.

10

ENERGIA COCRIATIVA, A FORÇA INVISÍVEL QUE MUDA A REALIDADE

Neste capítulo, empresas e indivíduos encontrarão os principais passos para despertar a criatividade por meio da energia cocriativa. Quando reconectada e direcionada de forma consciente, permitirá que seus projetos deixem de ser apenas sonhos para se tornarem realidade. Não se limite aos mercados já conhecidos, abra-se para o desconhecido.

SONIA PROTA

Sonia Prota

Administradora de empresas, com MBA em Gestão de Projetos pela USP (2017). Consultora em gerenciamento de projetos voltados para a melhoria na *performance* de equipes e de resultados em indústrias de transformação, micro e pequenas empresas do setor público e privado. Avaliadora de programas de múltiplos *stakeholders* apoiados por organismos internacionais (PNUD, BID e UNESCO) em setores estratégicos (clima, água, energia e educação). Autodidata e pesquisadora em temas voltados para o desenvolvimento humano, poder da mente e integração da espiritualidade e da física quântica, com enfoque na expansão de consciência como fonte para a cocriação de projetos. Mentora e palestrante, fundadora da Project Q Consulting e idealizadora do Programa Transforme, que visa apoiar empresas e universidades na cocriação de projetos que visam ao bem comum. Seu diferencial está na sua crença pessoal de que transformar a realidade externa é possível desde que transformemos nós mesmos.

Contatos
www.projectq.com.br soniaprota@projetcq.com.br
Instagram: @project_q_consulting
LinkedIn: sonia-prota-projectq
11 98416-0694

> *O desleixo em alargar a visão manteve muita gente fazendo a mesma coisa a vida inteira.*
> Napoleon Hill

Quando algo não ocorre dentro do esperado, passamos boa parte de nossas vidas repetindo padrões de pensamentos, sentimentos e comportamentos, manifestamos toda a nossa indignação e procuramos um culpado, um responsável que, normalmente, encontra-se externo a nós.

Esse conjunto de informações intrínsecas modela o ser humano, que passa a viver sem questionamentos, reagindo, repetindo e esperando que um dia a situação externa se modifique.

Como sair da chamada "roda do rato"?

Em primeiro lugar, precisamos nos conscientizar do que ela significa.

Imagine os famosos ratos de laboratório se esforçando em uma corrida interminável dentro de uma roda. O esforço que fazem não os conduzem a nenhum resultado, pois não possuem outra perspectiva, visão ou expectativa que os façam buscar uma nova direção. Simplesmente caminham no mesmo lugar.

Assim ocorre no modelo da chamada realidade atual, criado pelos próprios seres humanos, os quais passam boa parte de suas vidas em empresas, que são feitas de pessoas. O trabalho passou a ser algo que exige cada vez mais esforço, porém os resultados e recompensas são mínimos, ou em muitos casos inexistentes; quando aparecem, não são sequer percebidos pelos envolvidos.

Fazer algo que não produz resultados positivos para o indivíduo é perigoso, pois um indivíduo disfuncional emanará estados negativos que, quando não trabalhados, começarão a afetar o seu corpo energético, emocional, mental e físico, promovendo doenças que, na maioria das vezes, nenhuma medicina convencional poderá curar ou atenuar, pois não são doenças reais, mas sim imaginárias.

Um indivíduo disfuncional dentro de uma família impactará de forma negativa outros familiares. Esses, por sua vez, impactarão amizades, comunidades, o ambiente de trabalho, os colaboradores, pessoas desconhecidas e todo o entorno visível e invisível.

Por que afetamos tudo o que vemos e o que não vemos?

Segundo a física quântica, a física das possibilidades, tudo no universo é feito de energia, não importando o estado em que algo se encontre, seja material representado por objetos, plantas, animais, papel-moeda, ou imaterial, como pensamentos, sentimentos e o próprio ar que respiramos ou um conjunto de tudo isso, como no caso do ser humano (corpo, mente e espírito).

Tudo é energia e está em movimento, logo a energia é cocriativa e estará criando algo positivo, se soubermos direcioná-la e harmonizá-la para o que de fato queremos experienciar, ou não estará produzindo nada, quando simplesmente "empurramos com a barriga" e insistimos em nos manter no "velho paradigma", o da "roda do rato".

Afinal, a polaridade negativa não tem força de modificar uma situação, ao contrário, impede a visualização quanto às possibilidades de soluções disponíveis. Assim, devemos aproveitar um evento negativo como um "trampolim" para uma nova oportunidade, e não como um obstáculo instransponível.

Dessa forma, o impacto de um indivíduo disfuncional no sistema como um todo é exponencial.

A física quântica chama esse fenômeno de emaranhamento quântico. Segundo Amit Goswami, referência mundial em física quântica, "somos seres não lineares, dentro da nossa teoria sistêmica, e estamos todos interconectados".

O "ser não linear" reforça que não precisamos seguir uma sequência predefinida por nossos familiares, pois temos o livre-arbítrio para modificar a "rota" a qualquer momento, para isso somente precisamos tomar consciência do nosso poder e reaprender a pensar e imaginar.

Despertar a energia cocriativa

O primeiro passo para despertar essa energia que faz parte do ser humano e que molda a realidade é entender quem somos. Somos seres espirituais num corpo físico, logo nossa criatividade é inata.

Pergunte a si mesmo: quem sou e o que estou fazendo aqui?

Avaliei dezenas de projetos no mundo corporativo, sendo que 70% deles não entregaram produtos, serviços e experiências que proporcionassem mudanças significativas nas vidas das pessoas.

As perguntas certas não estão sendo formuladas. Quais são de fato as necessidades das pessoas?

Se não sei quem sou, como entenderei os demais seres humanos? As dores do cliente não são percebidas pelas empresas, pois todo o sistema atual, entendido como o mercado do ganha-perde, aquele onde a força e o poder são os elementos centrais, prevalece. Aonde chegaremos com tal abordagem dura, em que somente nos preocupamos com os nossos interesses?

Nesse sistema, a realidade foi reduzida a um mundo meramente material, no qual devemos aceitar as dificuldades como um fardo e seguir aceitando os fatos como circunstâncias, sem que possamos intervir e modificar o processo.

Para identificar nosso modelo atual, ou seja, para onde estamos direcionando nossa atenção (energia), basta entrar no nosso computador e/ou *smartphone* e observar tudo o que aparece na nossa tela, vídeos, notícias, mensagens que emitimos e recebemos por meio de redes sociais, tudo o que está manifestado nessa tela reflete nossa tela mental.

Esse conjunto de informações (energias) somadas às tais verdades aparentes preconcebidas que foram introduzidas por meio do ambiente familiar, social, dentre outros, estão construindo nossa realidade atual e futura.

Nos conscientizarmos de que estamos em um mundo de causa e efeito, em que tudo funciona como um "bumerangue"; é crucial para modificarmos os resultados dos nossos projetos e, consequentemente, de nossas vidas.

Os programas de treinamentos corporativos precisam ir além da abordagem motivacional, sendo necessária e urgente uma abordagem mais profunda, que proporcione transformação na consciência das pessoas em relação às suas percepções e atitudes.

Imaginar é ativar a energia cocriativa

O segundo passo está em respondermos à seguinte questão: como podemos ser criativos ou pensar "fora da caixa"?

Como mencionado anteriormente, nossa criatividade é inata. Quando conectamos a mente e o coração, acionamos nossa imaginação. Essa é a chave que permite abrir a porta do desconhecido.

A imaginação não é fantasiosa, mas poderosa. Lá encontramos respostas e soluções para todas as dificuldades individuais e anseios da humanidade, cura de doenças, serviços e produtos inovadores e invenções que poderão transformar e facilitar nossas vidas.

As inovações e/ou invenções que experienciamos na atualidade foram inicialmente pensadas e imaginadas por seres humanos de diferentes áreas do conhecimento.

Monica Gagliano, professora associada e pesquisadora em Ecologia Evolutiva do Sydney Environment Institute na University of Sydney, compartilhou um experimento realizado com uma planta (ervilha), no qual ela associou uma planta a uma lâmpada azul. Na presença dessa luz, a planta desencadeou uma resposta fototrópica, ou seja, a planta curvou-se na direção dessa luz.

Então, ela substituiu a lâmpada azul por um miniventilador, e a planta não se importou com o miniventilador e começou a crescer em linha reta, esperando por uma luz em algum lugar.

Assim prosseguiu com o experimento e apresentou à planta as duas opções (a lâmpada azul e o miniventilador). Porém, antecipando a lâmpada azul, a planta curvou-se novamente para ela.

Na sequência, ela retirou a lâmpada azul, deixando apenas o miniventilador, e a planta manteve-se curvada, o que comprovou que a planta aprendeu que, mantendo-se apenas na direção do miniventilador, a luz viria em algum momento.

Esse fato deixou claro, como relatado pela pesquisadora, que há alguém tomando a decisão baseado em um sistema de valores, mas que tudo isso na verdade é um conceito, porque a luz de verdade não estava lá, sendo apenas uma "ideia" na "mente" da planta, ou seja, a planta estava imaginando a chegada do alimento (luz).

Os resultados desse estudo científico rompem o paradigma do pensamento 'linear" de que se não temos um cérebro e neurônios, não podemos obter algo. Esse estudo foi além, comprovando que a imaginação está em toda parte como essência da natureza, independentemente da forma humana ou outra forma na natureza.

Devemos sair da prisão mental, intelectual, para que possamos nos reconectar pela imaginação com a nossa essência, e assim reativarmos a energia cocriativa.

Em relação aos projetos que avaliei ao longo dos últimos quatro anos, em áreas de negócios relacionadas à água, energia e educação, descobri que somente 30% promoveram de fato resultados transformadores para os *stakeholders* internos e externos.

O que as pessoas tinham em comum nesses projetos? Resultados bem definidos e engajamento nas soluções; motivação e energia (felicidade); capacidade de negociação em situações de conflitos; realização de práticas/técnicas, como: escuta ativa, atividades lúdicas, imaginação criadora, atenção plena, meditação guiada, *design thinking*, dentre outras.

Quanto ao perfil dos líderes desses projetos, 100% estavam envolvidos em uma ou mais atividades voltadas para o desenvolvimento humano.

Além disso, constatei, por meio de pesquisas com esses grupos, que 20% dos esforços despendidos para a obtenção de melhorias nos resultados dos projetos não estavam detalhados nas atividades do cronograma, pois trabalhavam no que chamamos de plano invisível (energia), em que foram abordados o pensamento e a visualização criativa, além de técnicas de meditação realizadas por líderes e membros das equipes, como algumas das experiências mais constantes e significativas.

Precisamos escolher entre a fé e o medo, em ambos teremos que acreditar no invisível.

A energia cocriativa é infinita, não tem começo nem fim, apenas muda de forma.

Quando experienciamos a nossa capacidade ilimitada de produzir ideias focando na direção do que estamos imaginando, automaticamente sentimentos de alegria, entusiasmo e felicidade serão aflorados.

Nossa imaginação é o elo que transforma a ideia em realidade.

Começamos a transbordar uma paixão inexplicável pelo objeto da nossa atenção. A necessidade do outro passa a ser percebida por nós e, assim, as chances de cocriarmos projetos que busquem atender a essas lacunas tornam-se uma realidade. Porém, é necessário estarmos conscientes desse processo e abastecê-lo com energia.

Nossos sentimentos são a verdadeira chave para a reconexão com nossas ideias primordiais.

Precisamos amar o que fazemos, e assim, o fluxo (*flow*) se restabelece na direção do resultado almejado, trazendo pessoas, situações e conhecimentos para validar essa experiência.

Mihaly Csikszentmihalyi, autor de *best-sellers* sobre psicologia da experiência ótima e da criatividade, descreveu a partir de diversos estudos que as atividades de *flow* tinham em comum: proporcionar um sentimento de descoberta, uma sensação criativa de ser transportado a uma nova realidade, níveis mais elevados de desempenho e a estados de consciência nunca sonhados.

Experienciando o estado de *flow*, percebi que a importância da Programação Neurolinguística (PNL) e outras técnicas de condicionamento do subconsciente passaram a ter menor importância.

O estado de *flow* desencadeia um realinhamento das nossas emoções, uma vez que adequamos as nossas capacidades/habilidades aos nossos desafios, ou seja, a tendência é que, se temos um desafio muito alto e uma baixa habilidade para resolvê-lo, entramos num estado de ansiedade. Por outro lado, se temos muitas capacidades/habilidades e não temos como expressá-las, por não estarmos atuando, por exemplo, entramos num estado de tédio.

O estado de *"flow"* seria o caminho do meio, um equilíbrio entre habilidades e desafios.

Assumir a cocriação do projeto

O terceiro principal passo está em assumir o comando da cocriação dos nossos projetos. Dessa forma, nossas decisões não serão mais aleatórias, nem baseadas no medo, na dúvida ou na opinião de terceiros, mas intuitivas, consistentes e direcionadas pela nossa consciência, que está mais perceptiva e receptiva, reconectada de fato ao que nos traz felicidade.

Precisamos aprender a utilizar nossa bússola interna. Se estamos conscientes, respondemos; se inconscientes, reagimos. Nesse processo, ganhamos ou perdemos energia.

Outro ponto fundamental a ser considerado é a disciplina, sem ela ficamos vulneráveis às "armadilhas" da mente, pois estamos num mundo onde o entretenimento e o excesso de informações poucos úteis prevalecem, nos desviando do caminho real.

Como disse o professor e escritor Roy Eugene Davis, "a disciplina capacita-nos a conservar a energia e a dirigi-la sabiamente". Energia e tempo são nossos maiores ativos.

Toda chamada "ficção" torna-se um dia realidade. Muitas das tecnologias imaginadas, como as do desenho *Jetsons*, fazem parte da nossa realidade (*tablets*, chamadas de vídeo, assistente pessoal). Até 2026, teremos a computação quântica, a robótica e a inteligência artificial, que começarão a substituir o ser humano em diversas atividades no mercado de trabalho.

Então, que tal aceitarmos o desafio de romper o paradigma de que não devemos "inventar a roda" e transbordarmos novos inventos? O mundo precisa de magia e ousadia. A surpresa é a chave do sucesso.

Referências

CSIKSZENTMIHALYI, Mihaly. *Flow - a psicologia do alto desempenho e da felicidade*. Editora Objetiva, 2020.

DAVIS, Roy Eugene. *Imaginação criadora*. Editora SNI do Brasil, 2013.

GOSWAMI, Amit. *O universo autoconsciente*. Editora Aleph, 2007.

11

COMO DESENVOLVER UMA MENTALIDADE EMPREENDEDORA?

Suas experiências são capazes de transformar sua vida em um universo de autorrealizações. A questão é: quais passos está disposto a dar para conquistar seus sonhos em um mundo em alta velocidade e constantes transformações? A curiosidade e o pensamento empreendedor são maneiras eficazes de desenvolver trajetórias bem-sucedidas. Nada é impossível, desde que a mente seja treinada para SACAR, ou seja, Sonhar, Acreditar, Criar, Agir e Realizar.

TÂNIA SOBRAL BENEGAS

Tânia Sobral Benegas

Empreendedora, gestora, profissional na área de Desenvolvimento Humano, arte-educadora, pós-graduada em Docência, Metodologia e Didática do Ensino Superior. Atua como palestrante, mentora, treinadora, consteladora sistêmica, *master coach* e empreendedora social. Diretora de Protocolo do Rotary Club de São Paulo, Aclimação, Distrito 4563, gestão 20/21. Como voluntária social, é vice-presidente da Associação Aprender e Sonhar, que leva cultura e educação empreendedora para crianças da periferia de São Paulo. Embaixadora da Rede Plena Empreendedoras de Impacto Social. Tem experiência de 33 anos em Gestão de Projetos, Líder de Equipes e Treinamento Institucional e Comportamental. Pioneira em processo de transição de gestão de pessoas entre secretarias de administração pública da cidade de São Paulo, SAS/SME. Atuou como coordenadora de Mobilização Social no Observatório da Guarda compartilhada. Em 2020, ministrou palestras em vários congressos *online*, tais como Palco Rosa, numa abordagem sobre a conscientização do Outubro Rosa, Congresso Rotary Club Internacional, Grupo Mulheres do Brasil e o projeto ETC, da palestrante Leila Navarro, referência no mercado de palestras.

Contatos
contato@taniasobral.com.br
www.taniasobral.com.br
Facebook: TaniaSobralBenegas
Instagram: @taniasobralb
LinkedIn: www.linkedin.com/in/tania-sobral-benegas

> *Num mundo de infinitas possibilidades, conhecimento nunca é demais, porém, é o autoconhecimento que nos garante os recursos internos para transformar a realidade.*
> Tânia Sobral Benegas

Em 2018, investi no sonho recente de visitar o edifício mais alto do mundo, o *Burj Khalifa*, em Dubai. Com 828 metros de altura, feito de concreto, aço e exterior coberto por painéis de vidro, o prédio oferece vista panorâmica para as águas do Golfo Pérsico. No alto daquela imensidão, me dei conta de que a minha história de vida, com altos e baixos, me impulsionou àquela realidade. Quem diria que a neta de imigrantes estabelecidos no bairro do Brás, em São Paulo, ousaria realizar tal façanha?

Todo ser humano tem uma história. Você e eu somos frutos de experiências de nossos antepassados. Muito do que cremos, pensamos e agimos é reflexo do que assumimos como modelos impulsionadores de realização e, principalmente, das experiências guardadas no baú de memórias inconscientes. É um risco menosprezar vivências. O cérebro é capaz de armazenar incontáveis informações que nem sempre agem a nosso favor. São as tais crenças limitantes. Para enfrentar desafios, tomar decisões e criar caminhos de realizações e conquistas que estejam no planejamento consciente, a mente precisa ser conhecida, respeitada e treinada.

Existem especialistas nas mais variadas áreas do conhecimento. Gente que pesquisa, analisa, observa evidências, contesta e enxerga formas diferentes de absorver o que nem sempre é óbvio. O homem não chegaria à Lua se não se submetesse a um processo de investigação, descobertas e atitudes do mundo externo e dos seus potenciais internos. Desenvolver – e acreditar – nas próprias competências liberta, empodera e nos impulsiona à evolução. Cada indivíduo só chega aonde sua mente é capaz de idealizar. "Se você pode sonhar, então pode realizar", já dizia Walt Disney.

Você tem vivido a sua melhor versão ou uma reprodução de mais do mesmo? Autoconhecimento e gestão de sentimentos iluminam caminhos de prosperidade e abundância nas diversas áreas da vida. Durante anos, acreditei que para ser feliz e realizada dependia dos outros e das circunstâncias. Chegar a Dubai foi um processo de perdas e ganhos, desapegos, enfrentamento de crenças e reconstrução de vida.

A estrela brilha para quem tem coragem de olhar o céu

Filha e neta de comerciantes da região do Brás, um dos bairros mais tradicionais de São Paulo, nasci e cresci num ambiente cercado de fé, trabalho e respeito à diversidade. Na infância, convivi com pessoas de várias nacionalidades que chegavam ao país sem nada e precisavam de uma nova forma de se comunicar e de crescer economicamente.

Meus avós fizeram parte dos primeiros moradores do Brás que implantaram lojas de comércio e fizeram a região crescer. Naquela época, não existia internet, métodos de pesquisa e ação estratégica de marketing ou recursos digitas. Mal sabiam falar o próprio idioma, mas nada foi impedimento. Eles desbravaram possibilidades, enfrentaram barreiras, encontraram caminhos e cresceram.

Na sociedade contemporânea, nos deparamos com estatísticas crescentes do número de pessoas excluídas do mercado de trabalho, sem autonomia financeira, carentes de automotivação e ousadia para criar projetos sustentáveis de vida. São milhões de pessoas acuadas em relacionamentos abusivos e desrespeitosos, com a dor do fracasso e do medo, sem forças para reagir porque desconhecem o próprio poder.

Autoconhecimento, criatividade e inovação são chaves para esse mundo novo, embora essas competências não sejam novidades. Os primeiros moradores do Brás iniciaram o processo de comércio e fizeram a região crescer sem nenhuma tecnologia. Meu avô era caixeiro viajante. Comprava tecido no Brás e comercializava no interior. Dessa forma, manteve o sustento da família, reuniu recursos e abriu uma loja. Para garantir clientela, inovava no atendimento. Aos sábados, contratava banda e uma dançarina Nega Maluca (boneca de pano, conduzida por um parceiro humano). Hoje, pode parecer um recurso "nada a ver", mas é a referência de uma época que não tinha videogame, jogos de internet, Netflix, tevê por assinatura.

As estratégias tinham que cativar homens, mulheres e crianças para que famílias inteiras fossem atraídas à loja, se divertissem, comprassem sapatos e fizessem prosperar os negócios. Convivi com a necessidade de inovar para manter a sobrevivência, uma ideia, um projeto, um negócio. Muito do que aprendi com os contemporâneos renomados nas áreas da inovação, gestão, relacionamentos com o cliente, marketing e tantas outras estratégias, identifico no comportamento empreendedor dos meus antepassados.

Da vivência de infância na região do Brás para os dias atuais, existiram diversas crises. Em todas elas, surgiu a necessidade de estabelecer diferentes formas de atuação e adaptação aos novos cenários. A tecnologia e o mundo digital transformaram a comunicação e as formas de relacionamento, porém, apesar da dinâmica de transformação ser cada vez mais intensa, quem se mantém flexível e adaptável às mudanças sobrevive.

Em pleno século XXI, a pandemia da Covid-19 chegou silenciosamente, tomou espaço no mundo inteiro e estabeleceu rupturas que não esperávamos nem imaginávamos. No Brasil, vivemos um tempo de crise na saúde, na política e na economia, o que requer adaptação a um novo normal. Saber superar uma crise não é fácil, porém ela também traz oportunidades de aprendizado que podem mudar nossa postura para melhor e nos deixar mais preparados para o futuro.

Ter consciência de que o mundo está em constante renovação nos garante a flexibilidade de pensamento, clareza de que é necessário criar, transformar, adaptar e inovar. Sempre foi assim e, apesar dos cenários, muita gente segue fluindo com excelência no mar de incertezas e oportunidades que cada crise oferece. A estrela brilha para todos, encontra seu espaço quem tem coragem de olhar a realidade sem fantasias, adaptar-se ao que é necessário e encarar os desafios. Mentes criativas e inovadoras não nascem prontas. Elas precisam de treinamento (pensamento, consciência e ação). Todo ser humano tem o poder de transformação, mas é preciso buscar autoconhecimento para descobrir e adaptar-se aos novos caminhos.

Por que, ao nos depararmos com algo novo, entramos na zona de medo e paralisamos?

A falta de conhecimento ou consciência de fatos é pilar do medo e, também, uma característica inata da humanidade. Todo ser humano tem medo. A diferença é que alguns encaram os enfrentamentos da vida e seguem com medo mesmo, reconhecendo-o como ferramenta de consciência e possibilidade de transformação. Outros paralisam e atrasam a própria evolução.

Viver e não ter a vergonha de ser feliz, na prática, não é algo tão fácil como afirma a letra da música de Gonzaguinha. A notícia boa é que é possível uma pessoa ser feliz, próspera, realizada e, ainda, ser capaz de se superar em todos os níveis e âmbitos da vida. Como fazer isso? Superando os próprios medos, se permitindo experimentar possibilidades.

O primeiro passo para conviver bem com o sentimento paralisante (mas também estimulante) do medo é conscientizar-se de que mudanças fazem parte de um ciclo constante da vida. Desprezar essa realidade é o mesmo que sabotar as próprias chances. É estagnação na certa! Desde a prática de gestão dos meus avós no empreendimento no Brás aos livros de mentes empreendedoras, fui descobrindo que conhecimento nunca é demais. A verdadeira sabedoria vem do autoconhecimento, da consciência e do reconhecimento da realidade. Nessas condições, a pessoa se permite agir e realizar no aqui e agora, praticando o exercício de superação dos desafios, desde os mais simples aos mais complexos, na vida pessoal, no desenvolvimento da carreira, na visão empreendedora para o mundo.

Cada desafio requer autodescobertas e ações pessoais. Durante anos, defendi e trabalhei pelas coisas em que acreditava. No meu limitado universo, desbravei caminhos, realizei sonhos, conquistei espaço e era feliz... até que uma crise bateu à minha porta e me fez dar uma reviravolta sem precedentes. Tudo foi acontecendo rapidamente e, apesar das dificuldades e da falta de experiência, coloquei em prática a sabedoria intuitiva e fui descobrindo o que hoje chamamos de poder da superação, inovação e transformação a partir de um método autoral.

Aos 16 anos, cursava o magistério e, antes de concluir, iniciei como auxiliar de professora na educação infantil em uma escola particular. Aos 18 anos, concluí o curso. No ano seguinte, prestei concurso público e comecei a trabalhar como educadora. Eu me casei com o primeiro e único namorado aos 21 anos. Com 23, tinha dois filhos e um currículo recheado de conquistas. A realização profissional fazia parte dos meus planos de vida, assim como ter uma casa, constituir família, ter filhos. Aparentemente, tudo parecia bem acomodado numa ilusória zona de conforto.

Mudanças apresentam alternativas que evidenciam resultados

Aos 39 anos, fui diagnóstica com câncer. Embarquei numa luta contra a doença, tive que me submeter a um intenso e invasivo tratamento, num processo de surgimento de novas facetas da doença e procedimentos por alguns anos. Vivi o limiar da morte. Aos 47 anos, quando pensei que retomaria a vida com a bagagem que havia carregado, o marido pediu divórcio e, no ano seguinte, meus filhos se casaram. Aos 50 anos, enfrentava diversas sequelas do tratamento, estava divorciada, com os filhos casados e recém-aposentada. Fui ao fundo do poço. Achei que não havia mais sentido viver. Nessas condições, me deparei com duas alternativas: desistir ou aprender a fazer algo por mim. Cada ser humano tem o poder de criar o próprio sucesso e não precisa esperar uma tragédia para agir. Sempre é possível começar de novo, escrever um novo capítulo da nossa história sem abandonar as memórias. Ao contrário, a criação de uma nova fase pode ter impulso justamente nas "ferramentas" adquiridas ao longo da vida. Decidi acordar para um novo tempo. Na busca pelo meu eixo, coloquei em prática o meu jeito de ser e perceber as coisas, obtive resultados e hoje compartilho o Método SACAR, que consiste em cinco passos para alimentar um indivíduo de coragem para agir e realizar:

- **S**onhe – você é ilimitado, tenha coragem e sonhe o mais alto que puder.
- **A**credite – creia em seu sonho, sinta a realização acontecendo.
- **C**rie – desenhe seu sonho com o máximo de detalhes que puder.
- **A**ja – mova-se todos os dias um pouco em direção ao seu sucesso.
- **R**ealize – você é o autor do seu sucesso.

Descubra o seu poder

Construir uma vida plena e próspera depende inicialmente da observação dos próprios pensamentos. Uma mente intoxicada de crenças limitantes e escassez habita em um corpo nas mesmas condições. Somos capazes de realizar qualquer coisa! O que tem faltado para muita gente é a coragem para sonhar e a ação para realizar. Mesmo que a vida traga situações desafiadoras, a alegria da realização faz valer a pena. Entre o sonho e a conquista existem processos, mas o que se descobre no caminho é, talvez, melhor que o resultado. Nada é impossível desde que você se permita **S**onhar, **A**creditar, **C**riar, **A**gir e **R**ealizar!

12

LIDERANÇA INTEGRATIVA: O LADO HUMANO DOS NEGÓCIOS

Este capítulo se propõe a trazer reflexões sobre liderança e o contexto de mudança que tem impactado todas as organizações e modelos de negócios. A liderança integrativa emerge nesse universo desafiador e possibilita uma abordagem inclusiva, integrando pessoas e todas as ações de forma sistêmica, gerando engajamento e impulsionando, a partir do seu exemplo, os liderados para a ação. Por meio de um método testado e aplicado em diversas organizações, promove a transformação a partir das pessoas, subsidiando a tomada de decisão, consolidando e fortalecendo resultados.

TÂNIA TELLES

Tânia Telles

Palestrante em eventos corporativos, mentora sistêmica de líderes e carreira, *master coach*, consteladora, com mais de 18 anos de experiência como consultora de gestão estratégica de pessoas, desenvolvimento de liderança e gestão por competência. Simultaneamente, como professora universitária, impactou milhares de alunos e a sociedade com projetos de pesquisa, extensão e formação empreendedora. É docente credenciada da Escola de Serviço Público do Governo do Espírito Santo, onde já capacitou centenas de servidores públicos e implantou projetos em diversos órgãos públicos. Atualmente, é CEO do Instituto Tânia Telles, ministra cursos e treinamentos *online* e presenciais de Liderança, Modelos de Negócios, Gestão Estratégica de Pessoas e *Coach*. Ajuda pessoas e organizações a expandir a consciência e acelerar seus resultados.

Contatos
contato@institutotaniatelles.com.br
Facebook: Instituto Tânia Telles
Instagram: @taniatelles.br
LinkedIn: taniatelles-br
YouTube: UCe3BRatpgFvekc3I-J0eZPQ
27 99903-9318

O relógio marcava 18 horas, e estava lá, no saguão da maternidade, uma mulher, professora universitária e executiva cursando mestrado, na frágil e forte missão mais importante de sua vida, ser mãe. Passara o dia todo aguardando notícias do estado de saúde e esperando os momentos da amamentação. Na noite anterior, realizara novamente o sonho da maternidade.

Sentimentos de angústia e alegria se misturavam na desconfortável cadeira de plástico em que esteve sentada o dia inteiro.

Na sua mente, toda a sua vida passava em *flashes*.

"Desce da árvore, menina, o que está fazendo na rua ainda? Já brincou muito hoje!" Chamava a mãe pela criança que brincara de futebol, queimada e pique-pega, depois das aulas.

Era uma menina sonhadora, que queria estudar muito para ser "alguém na vida", achava lindas aquelas mulheres "bem-vestidas" que trabalhavam em grandes empresas, como as das novelas.

"Um dia vou ser assim!", sonhava a garotinha.

Os sonhos nos impulsionam para seguir a nossa jornada, superar obstáculos e alcançar os nossos objetivos.

Muitas vezes, esquecemos da jornada que trilhamos, dos nossos sonhos, que erramos e acertamos, que alguém acreditou na gente e nos deu uma chance.

A garota cresceu na desejada e consolidada carreira executiva, na área de gestão administrativa, quando recebeu o convite para um projeto de implantação de gestão por competência em uma grande empresa no norte do país, dando lugar a uma nova paixão: "o desenvolvimento humano".

Lidando com as mudanças constantes

Mudança é uma constante em nossa vida, logo a única escolha é a de como se adaptar, controlando as emoções geradas pelo processo para manter o equilíbrio emocional e definindo ações para uma transição harmônica.

As transformações da vida são desafiadoras e imprevisíveis, como a que estamos passando nos tempos atuais, com a complexidade da pandemia do coronavírus, que levou à alteração dos arranjos organizacionais e familiares. Foi essa mudança cultural que impulsionou a aceleração digital e que, de forma sistêmica, afetou toda a humanidade.

Neste contexto, cada integrante da força de trabalho, considerando os variados perfis comportamentais, histórias de vida, necessidades e valores, tem um tempo de adaptação ao processo de mudança e reações diferentes em cada etapa.

O desafio da Internet 5.0 está movendo o mundo na busca pelo domínio tecnológico. A inteligência artificial já é uma realidade e as cidades inteligentes estão em vias de sair dos filmes de ficção científica. Vale ressaltar que isso impacta principalmente no nível de ansiedade e fragilidade da humanidade, na percepção das transformações e principalmente os dilemas inexplicáveis. Tudo isso está abalando a sociedade, elevando, assim, o nível de estresse e o de problemas psíquicos sociais.

Então, como se adaptar a mudanças?

Ampliando um pouco o olhar, quase todos nós já passamos ou presenciamos o nascimento de uma criança. Ela muda nossas vidas, nossas estruturas, e faz com que nos preparemos para a chegada; dessa forma, quanto mais preparados, mais tranquila é a adaptação.

Enfim, a criança de outrora chegou à vida adulta. Eu tinha 38 anos, morava em Vitória, em um apartamento de dois quartos, fundos de um prédio sem área de lazer.

Em 2006, na reta final do mestrado, o filho mais velho, com 3 anos, começou a pedir um irmão. Como dizíamos para pedir para o Papai do Céu, ele começou a rezar três vezes por dia. E, assim, começamos a planejar a vinda do segundo filho.

Fiquei grávida. No primeiro exame, o médico perguntou "quantas boas-novas vocês querem ter?" Imaginamos que eram gêmeos, porque meu pai era gêmeo. Respondemos ao médico: "Quantas vierem!" Perguntei: "Mas são gêmeos, doutor?" O médico voltou seu olhar para nós dois, pais ansiosos pela expectativa do que estava por vir e, finalmente, falou: "Não são gêmeos, mas trigêmeos!"

O susto foi tão grande que meu marido quase caiu com o nosso filho mais velho no colo.

O fato de ter um planejamento não garantiu o resultado, mas permitiu que nos preparássemos para a jornada. Usei todo o meu conhecimento de planejamento e gestão, visita técnica e o *rapport* com outros pais de gemelares.

Os trigêmeos nasceram e tiveram que ficar quatorze longos dias em tratamento intensivo. Sabíamos que nasceriam prematuros, que ficariam na UTI, mas nenhuma mãe está preparada para ir para casa sem o filho.

Em uma situação dessa, o natural seria parar de trabalhar para cuidar dos filhos, entretanto, eu tivera tripla jornada, associando os diferentes papéis, trabalhando, atuando pela manhã com os filhos, à tarde com as consultorias e, à noite, a universidade, para dar conta de toda a demanda.

Os 14 dias na UTI foram muito difíceis, mas observava e aprendia como lidar com situações difíceis, com várias crianças com o quadro de alto risco. Aprendi a dar atenção a um por vez, mantendo a serenidade frente ao choro simultâneo.

Foram lições aprendidas para lidar com o desconhecido, o levantamento de informação e agilidade; para tratar da complexidade, o conhecimento é a saída e, para resistir à pressão do tempo e obter resultado, o "equilíbrio emocional" que todo líder precisa ter.

Conheci o perfil de meus filhos após seus oito meses ao dar a primeira mamadeira. Eles estavam sentados no carrinho e, ao entregá-los a mamadeira, observei que minha filha ficava focada na dos irmãos. Ela demonstrou logo ser uma supercomunicadora. Já o meu filho do meio queria se livrar rápido e ir brincar, demonstrando ser totalmente ação, enquanto o mais novo primeiro cumpria todo um ritual, de forma metódica e organizada, antes de ir para a ação e mamar.

Isso norteou, dali para frente, toda a forma de lidar de forma personalizada com cada um. Pensando nisso, observo como é importante o líder conhecer o perfil da equipe e delegar as tarefas e as responsabilidades e, principalmente, diversificar o processo de comunicação, elevando assim os resultados de forma exponencial.

Ampliando o olhar sobre o papel da liderança

Toda organização é formada por pessoas, com pessoas e para pessoas. Alguém em algum momento tem a ideia do negócio, contrata pessoas para implementar as estratégias, mas sempre precisará do cliente, razão de existir, que norteia a construção dos processos para a entrega de valor. São histórias que se entrelaçam, de forma sistêmica e interdependentes.

Estudos atuais demonstram que capacitar a força de trabalho e preparar a liderança impactam na sustentabilidade dos negócios e diferenciam organizações.

Delegar tarefas, acompanhar e mensurar resultados são atribuições da liderança. Para tanto, precisa contemplar a complexidade de cada tarefa e competência de cada um. Se a complexidade da tarefa é alta e a competência do profissional é baixa, gera-se estresse e atraso nas entregas. Se a competência do profissional é alta e a complexidade e o desafio da tarefa são baixos, gera-se marasmo e tédio, abalando a motivação do profissional. Desse modo, o ideal é alinhar a complexidade e o desafio ao nível de competência de cada um.

O líder tem a missão de inspirar as pessoas para a ação, aplicar uma ideia para mover as pessoas e gerar resultado.

Essa mudança precisa ser profunda, de dentro para fora. Sem o crescimento interno, não existe transformação, ou o ser humano pode não entender o seu papel na organização e no mundo.

É comum os líderes acharem que conseguem mudar as pessoas, mas somente o próprio profissional pode fazer essa transformação. O senso de pertencimento de cada membro da equipe é importante para gerar os resultados e o equilíbrio organizacional.

A **liderança integrativa** potencializa o todo, gera harmonia e um pensamento coletivo, o que possibilita sensibilizar a equipe, e o resultado será crescimento e engajamento.

Até onde vai o alcance do gestor na transformação e ação da equipe?

O líder pode disponibilizar todos os recursos necessários para a atuação do profissional, mas realizar o trabalho, dentro dos padrões estabelecidos, e cumprir as regras do jogo é uma decisão individual e interna. Uma forma efetiva de gerar reflexão e mudança de comportamento é a prática do *feedback*.

Isso me faz lembrar de um barco, lindo, ancorado na praia em um sábado de verão. Podemos dar esse barco a uma pessoa, podemos colocar na água, colocar a pessoa no barco, entregar o remo na mão da pessoa. Mas remar é uma decisão pessoal.

A transformação só acontece se for impulsionada por um motivo maior, e uma **liderança integrativa** tem a sensibilidade de perceber as pessoas e a capacidade de ter empatia e compaixão.

Potencializando resultados e mudança a partir da autogestão

A *autogestão* é o primeiro nível da liderança, antes de ser um líder, existe um ser humano com sonhos, medos, dúvidas, dilemas impactantes, para conduzir o time. É preciso cuidar de si, de suas emoções e das demandas pessoais, da equipe e da chefia. Enfim, gerenciar o tempo, a energia diária, valores pessoais e todas as esferas da sua vida e, ao mesmo tempo, precisa se adequar às necessidades da organização e gerar resultados. Consegue ampliar o olhar, trabalhar as crenças pessoais, controlar os sabotadores internos, isso impele ao autoconhecimento e à autoconsciência, permitindo a mudança interna.

Em 2019, fui convidada para participar de uma reunião, com duas representantes do RH de uma empresa. Passavam por mudança na estrutura, o presidente recém-contratado não estava conseguindo abertura para implementar os projetos estruturantes. Encontrou uma equipe desmotivada, liderança despreparada e sem engajamento, empresa sucateada e, se não bastasse, conflitos interpessoais.

Na mentoria que exerci com ele, utilizei, inicialmente, a técnica da *visualização* como um instrumento de expansão do seu olhar para as questões que estava enfrentando, possibilitando implementar ações assertivas que resultaram na reversão dos processos doentios com os quais estava lidando na empresa.

A transformação aconteceu nesse profissional com a utilização de um método que criei a partir de meu conhecimento técnico, minha experiência em gestão, formação e as muitas consultorias.

Essa metodologia reúne vários instrumentos que, combinados, aceleram o processo de transformação de uma liderança. Nominei esse método de VITTA – Visão Sistêmica, Inspiração, Trilha de Desenvolvimento, Transformação e Autogestão.

A *Visão Sistêmica* é baseada nas premissas dos sistemas complexos e da constelação organizacional sistêmica, ampliando o olhar sobre o sistema familiar e sistemas organizacionais interdependentes.

A *Inspiração* parte do princípio de identificar o que move, a força interna que motiva para seguir em frente.

A *Trilha de Desenvolvimento* é formada por caminhos alternativos para o desenvolvimento alinhados ao perfil e objetivos de cada pessoa, suprindo as lacunas do conhecimento.

A partir do autoconhecimento e seguindo a trilha, acontece a *Transformação* interna e mudança do modelo mental e, por fim, a *Autogestão* é gestão de si para a ação, com o monitoramento constante dos resultados, alcance dos objetivos e o aprendizado da jornada.

Quando se assume o segundo nível, de gerenciar gestores, o desafio é conduzir, preparar, fortalecer, gerando uma relação de independência. Dessa forma, são necessários o alinhamento e a coerência entre os líderes, respeitando os espaços e o alcance da atuação de cada um, lembrando que é preciso preparar os sucessores e cuidar do senso de pertencimento, da ordem e hierarquia e do equilíbrio entre dar e receber, conforme os estudiosos de constelações sistêmicas.

Lembrei-me de uma reunião em uma empresa, em 2016, na etapa da devolutiva, parte de um projeto, aos 48 líderes. Era uma tarde quente de verão, atendi um gestor de 68 anos, que chegou dizendo que não sabia o que estava fazendo ali, pois já estava velho para fazer cursos, logo se aposentaria e não precisava passar por aquele momento. Então, perguntei: "Quando vai se aposentar? O que vai fazer quando se aposentar? Já está cumprindo a missão de líder e preparando a sucessão?" E, assim, na mesma hora, partiu para a ação, se dando conta de que podia planejar a trilha focada na transição de carreira e sucessão.

Quando se assume o terceiro nível, o estratégico, cada olhar é direcionado ao universo externo, na busca de novos negócios e possibilidades de atuação. Entretanto, se torna necessário disseminar a visão, promover o alinhamento estratégico das lideranças e seus colaboradores.

Esse alinhamento, associado a um modelo de liderança integrativo, possibilita o crescimento de forma sistêmica.

Os tempos atuais requerem uma organização humanizada e exigem dos profissionais líderes equilíbrio emocional, o cuidado com o outro, lidar com a complexidade, sem renunciar aos objetivos.

Somos seres humanos, cada um com o seu DNA, somos únicos. Cada profissional tem um dom, uma personalidade e um perfil comportamental que podem criar diferenciais competitivos de forma integrativa.

Referências

CHARAN, Ram; NOEL, James; DROTTER, Stephen. *Pipeline de liderança*. Campus, 2011.

CHARAN, Ram; NOEL, James; DROTTER, Stephen. *Know-how, as 8 competências que separam os que fazem dos que não fazem*. Campus, 2007.

CHAMINE, Shirzad. *Inteligência positiva*. Editora Objetiva, 2013.

HILL, Napoleon. *A lei do triunfo para o século 21*. Rio de Janeiro: José Olympio, 2009.

WOLK, Leonardo. *Coaching, a arte de soprar brasas*. Qualitymark, 2016.

13

INOVAÇÃO NÃO É TECNOLOGIA, É MENTALIDADE

Neste capítulo, você, profissional, descobrirá o motivo pelo qual precisa mudar para ganhar competitividade no mercado e encontrará habilidades importantes para serem desenvolvidas e, assim, adquirir uma mentalidade inovadora.

TATIANA CAFRE

Tatiana Cafre

Coordenadora de inovação e palestrante em Fortaleza/CE. Pós-graduada em Gerência Estratégica da Informação, lecionou durante quatro anos na Fanor DeVry, no curso de Informática. Sua missão é agregar valor a empresas e pessoas com as quais se relaciona, pela troca de conhecimento e experiência, atuando principalmente em uma mudança de cultura.

Contatos
www.tatianacafre.com.br
tatianacavalcante@gmail.com
Instagram: @tatianacafre
85 99152-7670

> *Insanidade é continuar fazendo sempre a mesma coisa e esperar resultados diferentes.*
> Albert Einstein

Hoje nos encontramos em um cenário em que a velocidade da informação é exponencial e em escala global.

Nosso maior desafio é a velocidade com que tudo muda em função da aceleração tecnológica que vivemos. Sempre passamos por mudanças tecnológicas, mas nunca com o ritmo tão frenético que enfrentamos hoje.

Um exemplo clássico de tecnologia exponencial é expresso pela lei de Moore, que prevê que a cada ciclo de 18 a 24 meses a capacidade de processamento dos computadores dobra, enquanto os custos permanecem constantes.

Além disso, atualmente, de um dia para o outro, é possível disponibilizar uma nova aplicação na nuvem para todo o mercado mundial, e isso permite, de maneira democrática, gerar uma grande disrupção nos modelos vigentes. Podemos concluir então que redes sociais, *big data*, Internet das Coisas e várias outras inovações foram importantíssimas. No entanto, hoje, com a conversão e agrupamento de todas essas tecnologias, produzimos soluções que vão muito além de só transformar produtos e serviços.

Essa democratização ao acesso e à redução de custos fazem com que a velocidade da inovação tecnológica tenha chegado a um ponto inédito em nossa história.

Aliado a isso, de acordo com Mauricio Benvenutti, no livro *Incansáveis*, as pessoas têm aceitado a inovação rapidamente. Depois de ser inventada, a eletricidade demorou 46 anos para ser adotada por pelo menos 25% da população norte-americana. Foram necessários, porém, 35 anos para adotar o telefone, 31 para o rádio, 26 para a televisão, 16 para o computador, 13 para o celular e apenas sete para a internet.

Assim, tecnologia, empreendedorismo e rápida curva de adoção formam uma combinação explosiva que afeta os tradicionais setores econômicos, transforma modelos de negócios inteiros e acelera o envelhecimento das coisas.

Porém, a tecnologia por si só não resolve a necessidade de inovar, é importante e estratégico ter profissionais antenados no mercado, que sejam capazes de ver além, que tenham sensibilidade para perceber o curso dessas mudanças e das novas demandas, para sair na frente e melhor se posicionar.

Isso nos faz pensar que o perfil de um bom profissional hoje é muito diferente daquele valorizado anos atrás. Muito se tem discutido sobre esse perfil inovador dos profissionais, encarado como competência estratégica básica em qualquer área de atuação. Um profissional inovador deve ser capaz de antecipar tendências, encontrar soluções para os problemas da empresa e otimizar resultados.

Para manter a competitividade no mercado, profissionais devem estar dispostos a se desenvolver e serem realmente dedicados e comprometidos. Esses profissionais conseguem aprender rapidamente e voam alto. E esta era tem sido cruel com quem não evolui.

Porém, as pessoas temem deixar os modelos que estão dando certo. Ninguém quer sair da zona de conforto porque sabe que vai correr riscos. É isso que precisa mudar. Encontrar profissionais com coragem de correr riscos é o grande desafio hoje. A inovação é uma mudança de mentalidade que precisa ser abraçada por toda a organização.

A frase do sociólogo Alvin Toffler – "Os analfabetos do século 21 não são aqueles que não sabem ler e escrever, mas são aqueles que não sabem aprender, desaprender e reaprender" – nos faz refletir sobre essas mudanças no mundo. Precisamos nos reinventar diariamente, caso contrário, ficamos obsoletos.

A forma como estamos abertos para novos aprendizados é proporcional ao nosso modelo de atualização. Essa inquietude precisa ser constante e nos faz ir além. Podemos chamar essa inquietação, que gera resultados, de inovação.

Mas o conhecimento evolui mais rapidamente do que a nossa adaptabilidade, e essa sensação é comum. E tem explicação.

O inventor americano Buck Fuller criou a curva do conhecimento em 1983. Ela mostra que, até 1900, a humanidade levava cerca de 100 anos para dobrar o conhecimento acumulado. Ao final da Segunda Guerra Mundial, o conhecimento dobrava a cada 25 anos. Hoje, dobra a cada 18 meses e já há previsão de que chegue a 12 horas com o advento da Internet das Coisas.

Por isso as novas gerações chegam cheias de ideias e inquietudes, e temos muito a aprender com elas. Ao invés de ficarmos em uma queda de braço, precisamos nos conectar e construir juntos. O mundo hoje é de construção coletiva.

Seguindo a teoria de George Shaw, na qual ele diz que "é impossível progredir sem mudança e aqueles que não mudam suas mentes não podem mudar nada", trago algumas habilidades que considero imprescindíveis e que você precisa desenvolver para ter uma mentalidade inovadora.

Seja questionador

Pessoas inovadoras são aquelas que questionam tudo. Elas desafiam o *status quo*. Uma de suas perguntas preferidas é: "E se eu fizesse de outro jeito?". Perguntam para entender como as coisas realmente são. Suas perguntas provocam *insights* coletivos que levam a sociedade para o caminho da inovação.

Perguntas têm um grande potencial de cultivar percepções criativas. Einstein sempre repetia uma frase: "Se ao menos eu tivesse a pergunta correta". Perguntar é um estilo de vida para os inovadores, não um exercício intelectual que está na moda. Perguntas que impõem restrições artificialmente podem originar ideias inesperadas por fazer com que as pessoas pensem contornando a restrição.

Inovadores são, em sua maioria, observadores. Observam cuidadosamente o mundo e como as coisas funcionam e se incomodam com o que não funciona. Quando se dedicam à observação, começam a tecer ligações entre informações e dados não conectados, o que pode levar a pontos em comum. Perguntas bem colocadas provocam diversas hipóteses e ideias.

Seja criativo

Durante toda a história, tivemos vários exemplos de ideias inovadoras que revolucionaram o mundo e geraram frutos. Em grande parte, essas ideias trouxeram vantagens competitivas para as empresas e enormes ganhos.

Os inovadores têm novas ideias, juntando informações que aparentemente são bem distantes. Einstein chamou o pensamento criativo de "jogo de combinações". Combinar é a capacidade de fazer ligações entre as áreas de conhecimento, setores da economia e mesmo regiões geográficas. Os inovadores buscam ativamente informações e ideias novas e diversificadas quando perguntam, observam, acionam seu *networking* e experimentam. Suas mentes combinam informações que não estão relacionadas de maneira óbvia, para produzir novas ideias.

Uma técnica usada pelos inovadores para imaginar o futuro é fazer perguntas do tipo "e se". Faça perguntas "e se..." que impõem restrições. As pessoas às vezes imaginam como uma espécie de trabalho artístico. São bonitas porque a criatividade triunfa sobre as regras.

Muitos confundem criatividade com inovação. A ideia tem base na criatividade, mas a inovação é quando essa ideia é executada e gera resultado.

Promova a diversidade

Muito tempo e energia são dispendidos pelos inovadores, descobrindo e experimentando ideias por meio de um *networking* com *background* e perspectivas diferentes. O *networking* se torna mais capaz de despertar ideias inovadoras quando você começa a conversar com pessoas capazes de oferecer um ponto de vista radicalmente diferente do seu. Isso significa estar entre pessoas de diferentes posições nos negócios, empresas, setores, países, grupos étnicos, grupos socioeconômicos, etários, políticos e religiosos. A diversidade alimenta a diversidade de ideias.

Nossa imaginação é estimulada quando convivemos com pessoas diferentes, que pensam de maneira diferente e nos fazem enxergar o mundo com uma visão diferente. Esse é o grande início de tudo.

Lembre-se de todas as vezes as quais você conversou com pessoas que não são do seu grupo de amizade. Com certeza, se lembrará de detalhes dessa conversa, mesmo que meses depois, do que papos com seu grupo de amizade, os quais teve ontem. Isso ocorre porque tudo que é novo, diferente e incomum nos estimula muito mais do que aquilo que é padrão, rotineiro e tradicional.

A liderança precisa ser distribuída

A inovação não é uma técnica nem algo exclusivo de uma área ou departamento, como muitos gestores acreditam. A inovação é uma mentalidade que precisa ser abraçada por todos, tanto da base quanto da alta gestão.

Hoje, o principal papel do líder não é ter as respostas, é fazer boas perguntas e aprender. Isso estimula a equipe a mudar a mentalidade.

Segundo Jeff Oyer & Christensen, no livro *DNA do inovador*, as empresas grandes fracassam em relação à inovação de ruptura porque a equipe de alta direção é dominada por pessoas que foram escolhidas por suas competências de execução, e não por competências de descoberta.

Como consequência, a maioria dos executivos de grandes organizações não sabe como pensar de forma diferente. Não é uma coisa que eles aprenderam dentro da empresa e não é algo que ensinam na escola de negócios. Escolas de negócios mostram como executar, não como descobrir. Quando uma nova tecnologia chega, ela muda as regras do jogo. Diante disso, os líderes precisam dar autonomia e incentivar, pois não tem mais como se responsabilizar por levar e definir a ação. Até porque as habilidades das pessoas mudaram, portanto, as pessoas devem estar mais livres e confiar no líder. A liderança precisa ser distribuída por causa de toda essa complexidade e cooperação existente.

Bonchek sugere uma maneira de seguir a jornada sem perder o controle: na mentalidade exponencial, os gestores devem substituir o controle de pessoas pelo controle de princípios. Isso ajuda a orientar a tomada de decisão, cria alinhamento, consistência e capacitação. A mentalidade exponencial ajuda a crescer o *"output"* mais do que o *"input"*, e capacita as equipes a alcançarem tanto o alinhamento quanto a autonomia.

Pedro Waengertner, no livro *A estratégia da inovação radical*, acredita que a nova cartilha está sendo escrita. No meio dessa profunda metamorfose, várias crenças estão sendo questionadas com pragmatismo e dados. Novos perfis de gestores estão emergindo, com o novo vocabulário de negócios e propostas diferentes quanto às formas e aos novos modos de agir. Há muitos anos, não somos desafiados dessa maneira. Uma das suas mais profundas crenças é que boa parte do valor a ser capturado pela inovação passa pela maneira como gerenciamos e tratamos os talentos.

Seja permissivo ao erro

Muitas empresas, por não quererem correr riscos, demoram a iniciar a inovação. Realizar grandes movimentos dentro de estruturas já existentes é um verdadeiro dilema. Você pode continuar fazendo a mesma coisa para manter o faturamento ou arriscar perder uma parte dessa receita para tentar ganhar mais lá na frente.

As pessoas têm dificuldade de assumir riscos pelo medo da vulnerabilidade na qual é posto seu cargo e respeito dos pares e superiores na hierarquia da organização. A sociedade não está preparada para valorizar os ousados, a não ser que eles acertem. Isso dificulta a inovação. As pessoas acabam indo pelos caminhos mais seguros possíveis. As iniciativas que comprovadamente funcionam são as apoiadas por todos. Mas profissionais inovadores sempre correm riscos, porém riscos inteligentes, que originam mudanças. Os inovadores não têm medo nem vergonha de correr riscos e cometer erros. Isso torna mais fácil a transformação.

Inovar é correr riscos. Mas talvez não haja risco maior do que não inovar. Não há a mínima possibilidade de se manter competitivo sem inovação. Muito mais do que tendência, inovar é fundamento.

Arrisque-se. A incerteza faz parte da inovação, mas precisamos ser otimistas e arriscar para que a inovação aconteça.

Todos estamos sempre ansiosos em desbravar caminhos ainda inexplorados. É empolgante e assustador. Mas essa ansiedade é que nos move a buscar alternativas para evoluir mais rapidamente. No início, é preciso um "salto de fé" para se comprometer com o desconhecido. É preciso coragem e paciência mesmo quando os resultados ainda não são aparentes. O desafio é se comprometer com o desconhecido e "desaprender" as velhas formas de pensar. Apenas com uma mudança da mentalidade incremental para a exponencial vem a oportunidade para a verdadeira inovação.

Mudanças exigem persistência e resiliência.

Por fim... Estamos acostumados a associar a inovação ao futuro. Mas a inovação começa a ser feita no presente. O futuro é a execução perfeita do desconhecido, no presente.

Como diz Peter Drucker, "a melhor forma de prever o futuro é criá-lo".

Referências

BENVENUTTI, Mauricio. *Incansáveis*. São Paulo: Editora Gente, 2016.

GREGERSEN, Hal; OYER, Jeff; CHRISTENSEN, Clayton M. *DNA do inovador – dominando as 5 habilidades dos inovadores de ruptura*. HSM Editora, 2011.

MAGALDI, Sandro J. Salibi Neto. *O novo código da cultura: transformação organizacional na gestão do amanhã*. São Paulo: Editora Gente, 2018.

WAENGERTNER, Pedro. *A estratégia da inovação radical*. São Paulo: Editora Gente, 2018.

POSFÁCIO

As pontes que podemos construir

Pontes são construções que nos permitem transpor obstáculos. Sejam rios, ou abismos, elas nos ligam a outro ponto, onde desejamos chegar. Em meio às incertezas e vulnerabilidades que nos cercam desde o início da pandemia, estou compelido a questionar: quais as pontes que desejamos construir para uma sociedade mais igualitária e justa?

Os obstáculos são abissais, mas à frente de uma organização filantrópica, que inseriu mais de 5 milhões de jovens no mundo do trabalho, sou a personificação de uma instituição que há 57 anos enfrenta intempéries para alcançar todos, até mesmo aqueles que perderam a esperança de iniciar sua trajetória profissional. Sim, hoje temos jovens desesperançados, e que dissabor é imaginar um indivíduo sem sonhos e aspirações.

Há alguns anos, temos acompanhado e mostrado que a faixa etária entre 14 e 24 anos é a que mais sofre com a falta de oportunidades. Segundo o último PNAD, referente ao 4º trimestre de 2020, ao menos 35,4% do grupo referido está desempregado. Jovens que, ciclicamente, vêm enfrentando as consequências de uma crise econômica que apenas ensaia o seu adeus.

No atual cenário, essa geração, movida pela necessidade, sobrevive com subempregos e acessa a educação com os recursos que lhe estão disponíveis – por muitas vezes poucos ou inexistentes. Em sua Terceira Carta Pedagógica, Paulo Freire, uma das figuras mais importantes da educação mundial contemporânea, afirma: "Se a educação sozinha, não transforma a sociedade, sem ela tampouco a sociedade muda", e nos lembra a importância da educação de qualidade como agente de transformação.

Enquanto professores tentam reinventar o modo como o conhecimento é transmitido aos seus alunos, eles, por sua vez, têm se perdido no meio dos *mega* e *giga bytes*. Seja pela falta de políticas sociais, ou telecomunicações. De acordo com a Unicef Brasil, ao menos 5 milhões de crianças e adolescentes não estão frequentando as escolas com regularidade. Antes da pandemia, esse número era de 1,3 milhão. Isso representa um retrocesso de duas décadas para o país.

Em um momento de profundas reflexões, em que a sociedade tem enxergado a colaboração e a força do coletivo como resposta para as mazelas que enfrentamos, vejo mais obstáculos do que soluções para os jovens e adolescentes. Em 2020, criamos mais de 243 mil vagas para estagiários e aprendizes, mas, certamente, esse número seria maior se todo o potencial dessas modalidades fosse explorado.

Nessa balança desequilibrada, restam às instituições filantrópicas o papel de construir a base para uma sociedade mais igualitária. Criar oportunidades salubres, tanto de estágio quanto aprendizagem, para que os jovens possam se desenvolver, construir a própria carreira profissional, e ter autonomia. Proporcionar acesso à informação, educação e empoderar.

Hoje entendemos que o nosso papel é de alicerce. Podemos e estamos estimulando o desenvolvimento de jovens e adolescentes ao redor do Brasil por meio de iniciativas gratuitas, mas as pontes são eles. A construção, a direção e a força da edificação dependem da bagagem adquirida aqui e agora.

Humberto Casagrande
CEO do CIEE
www.portal.ciee.org.br
11 3003-2433

Este livro foi composto em Bilo, Adobe Garamond
Pro, Neue Haas Grotesk Pro sobre Pólen Soft 70g
pela Literare Books International Ltda.